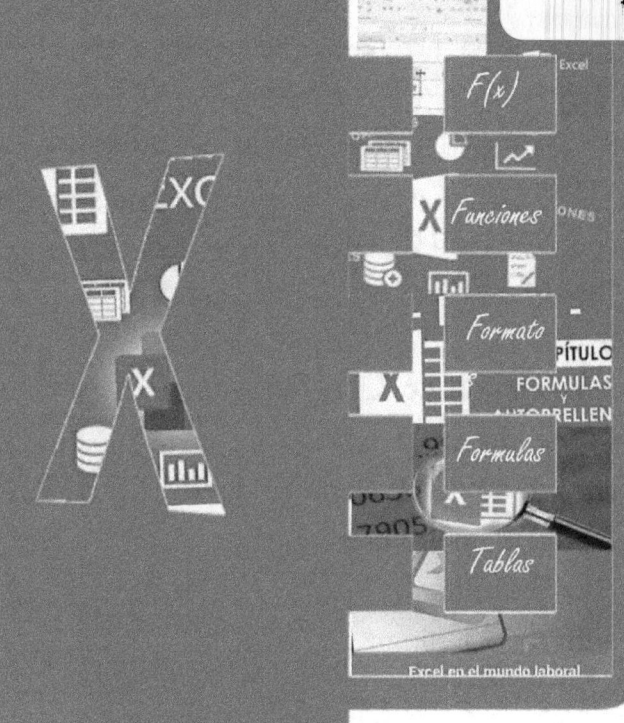

Contenido

Que es Excel.. 6
Conceptos básicos... 6
Entorno de Excel 10
Crear un libro 15
Abrir un nuevo libro en blanco 15
Crear un archivo 15
Ingresar datos a una hoja de calculo 16
Guardar un libro de Excel 17
Abrir un archivo... 20
Insertar una hoja de cálculo 24
Eliminar una hoja de cálculo 25
Cambiar el nombre de una hoja de cálculo 27
Formas y usos del mouse en Excel 29
Seleccionador de celdas.. 29
Seleccionador de columnas 30
Seleccionador de filas 30
Ampliar columnas.. 31
Ampliar filas... 32
Moverse por la hoja de cálculo 33
Otras formas de desplazamiento dentro de una tabla de datos... 33
Aplicar formato a texto de celdas 34
Como aplicar formato de celdas 35
Borde de celdas... 35
Relleno de celda.. 41
Como aplicar efecto de relleno a celdas 42
Aplicar relleno de trama a celdas 46
Tipo de datos en Excel.. 50

- Los tipos de datos que se puede introducir en Excel 50
  - General 51
  - Número 51
  - Moneda 52
  - Contabilidad 53
  - Fecha y hora 53
  - Porcentaje 54
  - Fracción 54
  - Científico 55
  - Texto 55
  - Formato de número 56
  - Asignación de tipo de dato a celda 56
- Cortar, copiar y pegar en Excel 59
  - Cortar y pegar con el mouse 59
  - Copiar y pegar con el mouse 60
  - Mover las celdas con cortar y pegar 62
  - Cortar y pegar con comandos 62
  - Copiar y pegar con herramientas 63
- Insertar o eliminar filas o columnas 64
  - Insertar columnas 64
  - Eliminar columnas 66
  - Insertar filas 67
  - Eliminar filas 68
  - Insertar celdas 69
  - Eliminar celdas 71
  - Ocultar filas y columnas 74
  - Seleccionar filas o columnas 74
  - Ocultar filas o columnas 74
  - Mostrar filas o columnas 74

Cambiar la alineación del texto 75
    Pasos para modificar la alineación del texto 75
Cambiar la orientación del texto en una celda 76
    Girar texto en un ángulo preciso dentro de una celda ... 78
    Borrar formato 80
Estilos de formato de celda 81
    Aplicar estilos de Excel 81
    Crear un estilo de celda en Excel 82
Modificar tamaño de filas y columnas con el mouse 84
    Cambiar el tamaño de las columnas 84
    Cambiar el tamaño de las filas 84
Modificar tamaño de filas y columnas con medidas precisas
.... 85
Crear una tabla 86
Formato condicional rápido 88
Formato avanzado 90
    Formato condicional avanzado 90
Formulas en Excel 96
    Crear una fórmula que haga referencia a valores de otras celdas 96
Funciones en Excel 98
    Escribir una función 98
    Funciones básicas 99
Crear gráficos en Excel 101
    Pasos para crear un gráfico en Excel 101
Tipos de gráficos 103
    Gráficos en columnas 103
    Gráficos de barra 103
    Gráficos de línea 104
    Gráficos circulares 104

Gráficos de área. 105

Gráficos de cono, cilindro y pirámide. 105

Configurar página en Excel. 106

Configurar márgenes personalizados de una hoja de Excel
.... 107

Encabezado y pie de página en Excel 110

    Pasoso para crear un encabezado: 110

    Pasos para crear un pie de página: 112

Configuración avanzada para imprimir 114

    Pasos para configurar una hoja de impresión: 114

    Imprimir todo o parte de una hoja de cálculo 117

Que es Excel.

Es un software de aplicación incluido en el paquete Microsoft Office y es utilizado para crear, manejar y modificar hojas de cálculo. Se puede utilizar en varios dispositivos y sistemas operativos.

En la actualidad el manejo de este programa es indispensable en la mayoría de las áreas que manejen datos ya que permite aumentar la rapidez en el trabajo de almacenar, consultar, organizar, manejar e interpretar datos numéricos y alfanuméricos.

Conceptos básicos.

Es importante tomar en cuenta algunos conceptos que ayudarán a comprender más fácilmente el manejo de las diferentes herramientas que se manejan en Excel.

Libro. Es cada uno de los archivos creados en Excel y está compuesto por una o más hojas de cálculo, es un tipo de documento que permite manipular datos numéricos y alfanuméricos dispuestos en forma de tablas.

Hoja de cálculo. Es cada una de las hojas de un libro de Excel y está formada por filas y columnas, compuestas por celdas, las cuales se suelen organizar en una matriz de filas y columnas.

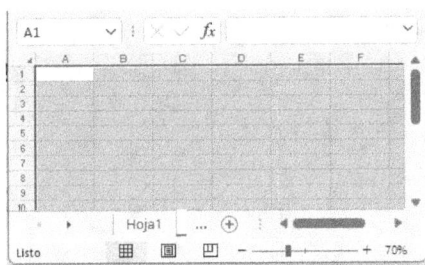

Filas. Conjunto de celdas organizadas de forma horizontal y se identifican por números. En el ejemplo aparece seleccionada la fila 2.

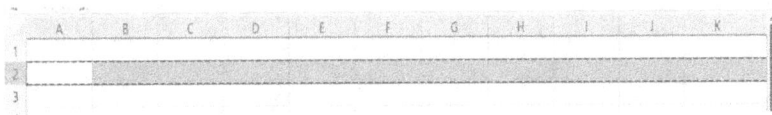

Columnas. Conjunto de celdas ordenadas de forma vertical y se identifican por letras del alfabeto. En el ejemplo aparece seleccionada la **columna B**.

Celdas. Es cada uno de los recuadros de la hoja de cálculo y está formada por la intersección de una fila y una columna. Las celdas se identifican por la letra de la columna y el número de la fila que la forman, por ejemplo, la celda "B3" Columna B y Fila 3.

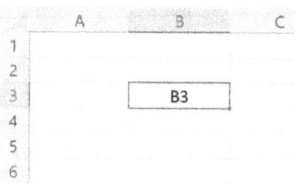

Rango. Es un conjunto de celdas representadas por la celda inicial seguida de dos puntos y posteriormente la celda final, el rango se representa entre paréntesis y son utilizados cuando se manejan funciones, por ejemplo "(A1:C5)".

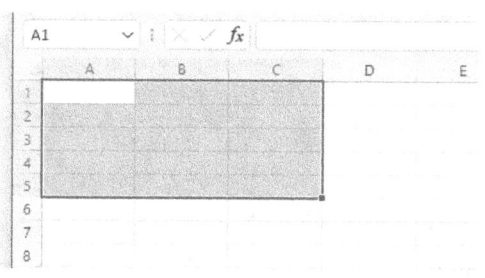

Función. Es una operación preestablecida, existe una gran variedad y se encuentran clasificadas por categorías por ejemplo existen funciones de texto, matemáticas, estadísticas entre otras. Una función puede ser utilizada en una celda iniciando con el signo igual (=) seguido del nombre de la función, posteriormente se abre un paréntesis y se agregan los diferentes argumentos requeridos por la función, después de ello se cierra el paréntesis y se oprime la tecla **Enter**.

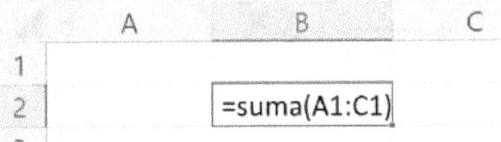

Entorno de Excel

Es importante que se conozca el entorno de Excel ya que de esta forma permitirá identificar la ubicación de cada una de las herramientas.

En la siguiente imagen se puede visualizar la ubicación y el nombre de las partes principales del entorno de Excel.

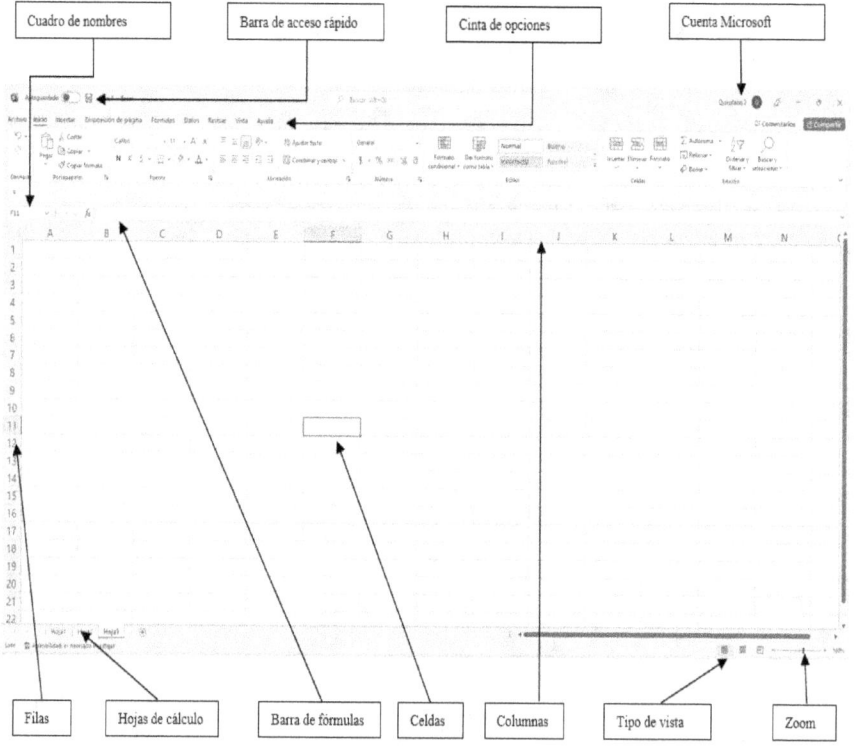

A continuacion se describe la importancia y utilidad de cada una de las partes del entorno de Excel:

1. Barra de acceso rápido:

Se ubica en la esquina superior izquierda, aquí se encuentra el acceso a funciones como Guardar, Deshacer y Rehacer, sin importar la pestaña en que te encuentres trabajando. Puedes modificar los comandos de esta barra dependiendo de tus necesidades.

2. Cinta de opciones:

Estarán todos los comandos necesarios para trabajar en Excel. La cinta está compuesta por varias pestañas en donde están agrupados los comandos. Por ejemplo, en la pestaña Fórmulas, encontrarás comandos como Insertar función y Autosuma.

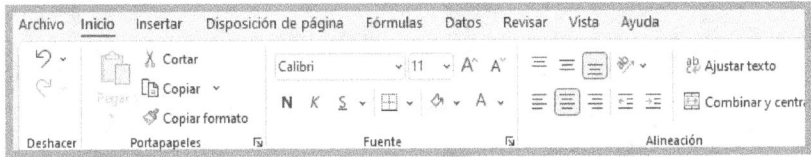

3. Cuenta Microsoft:

Se encuentra en la parte superior derecha, desde aquí se puede iniciar sesión con una cuenta Microsoft o acceder a la información del perfil del usuario.

4. Cuadro de nombres:

Se encuentra en la parte izquierda de la hoja, arriba de la primera columna, en este cuadro se puede visualizar o asignar el nombre de la celda seleccionada.

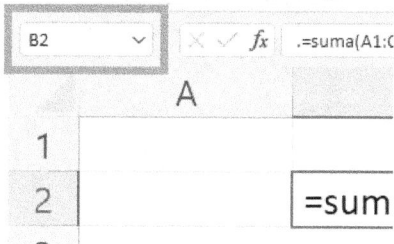

5. Barra de fórmulas:

En este espacio se puede ingresar o editar los datos, la fórmula o la función insertada en una celda en específico fx.

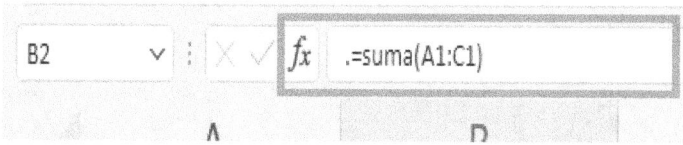

6. Columnas:

Una columna es un conjunto de celdas ordenadas verticalmente y se identifica con las letras del alfabeto.

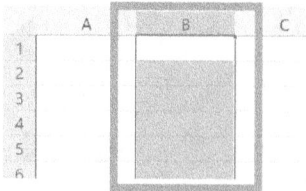

7. Filas:

Una fila es un conjunto horizontal de celdas que se identifican por un número.

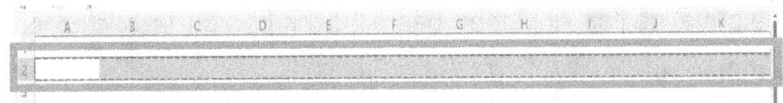

8. Celdas:

Es cada uno de los recuadros que conforman una hoja de cálculo. Se les identifica por la letra de la columna y el número de la fila a las cuales pertenecen.

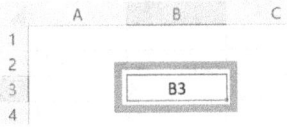

9. Hojas de cálculo:

Los archivos en Excel se llaman libros y cada uno de ellos pueden contener varias hojas de cálculo. En esta área se visualizan las hojas de cálculo que componen el libro en el que se está trabajando. Solamente se debe hacer clic en la hoja de cálculo en la cual se desea trabajar.

Se encuentra en la parte inferior del área de trabajo.

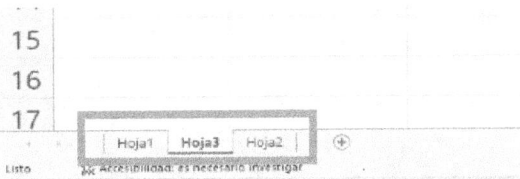

10. Tipo de vista:

Hay tres tipos de vista de archivo en Excel: Normal, Diseño de página y Vista previa de salto de página. Para seleccionar alguna de las opciones basta hacer clic en la opción que se desee elegir.

Se encuentran en la parte inferior derecha.

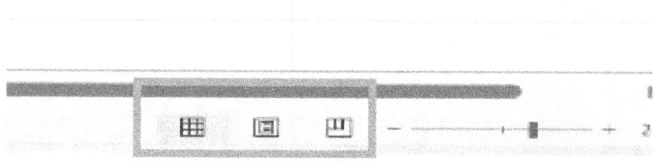

11. Zoom:

Aquí puedes hacer clic en el control de zoom y arrastrarlo a derecha o izquierda para acercar o alejar la hoja de cálculo en que estés trabajando.
Esta opción se encuentra a la derecha de las opciones de tipo de vista.

Crear un libro

Abrir un nuevo libro en blanco

1. Hacer clic en la pestaña Archivo.

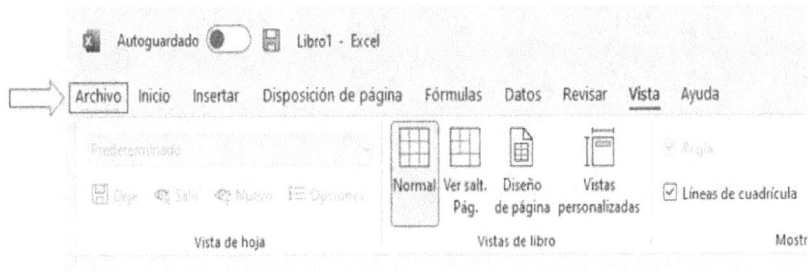

2. Hacer clic en **Nuevo**.
3. En Plantillas disponibles hacer doble clic en **Libro en blanco**. Método abreviado de teclado Para crear rápidamente un libro en blanco, también puede presionar **CTRL + U**.

Crear un archivo

1. Abrir la aplicación de Microsoft Office Excel.
2. Seleccionar una plantilla.

Si ya se encuentra en una aplicación, seleccionar el menú **Archivo** y hacer clic en **Nuevo** para ver las plantillas.

Ingresar datos a una hoja de calculo

Una vez creado el libro en blanco de Excel se visualizará una hoja de trabajo (esto podría variar a la versión de Office en la que se esté trabajando) como se muestra a continuación:

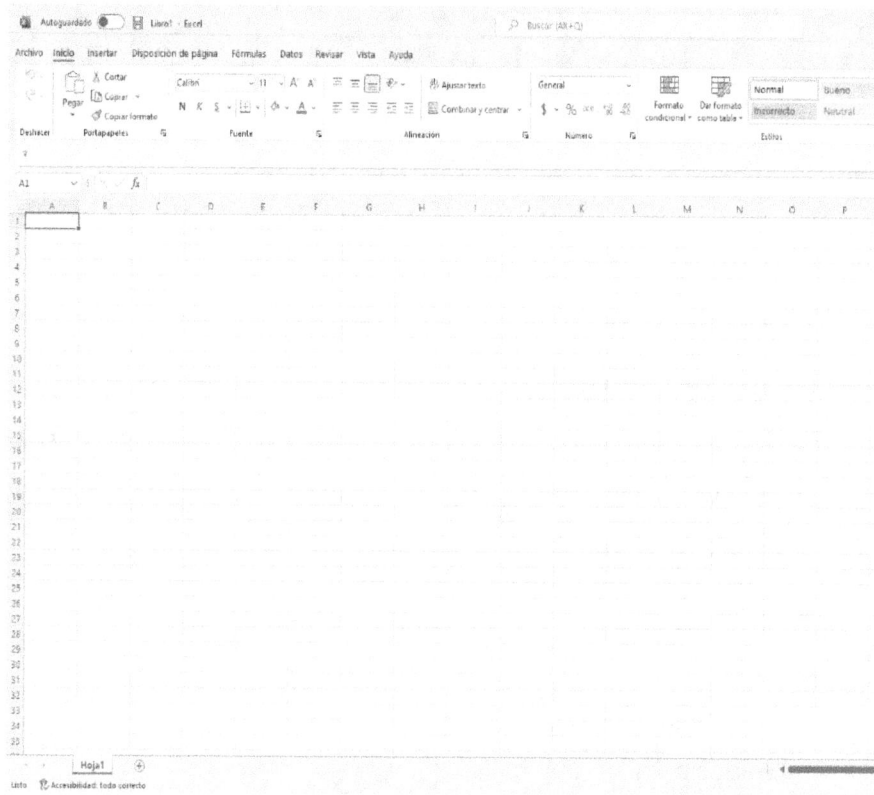

Para iniciar a ingresar datos basta hacer clic en la celda (cada recuadro se llama celda) donde se desee agregar la información.

Se puede ingresar tanto datos numéricos, así como etiquetas (texto), formulas y funciones.

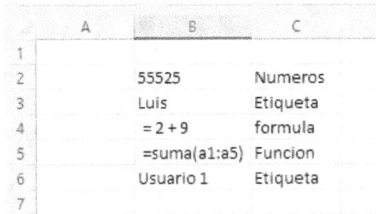

Guardar un libro de Excel

1. Seleccionar el menú **Archivo** y hacer clic en **Guardar como**.

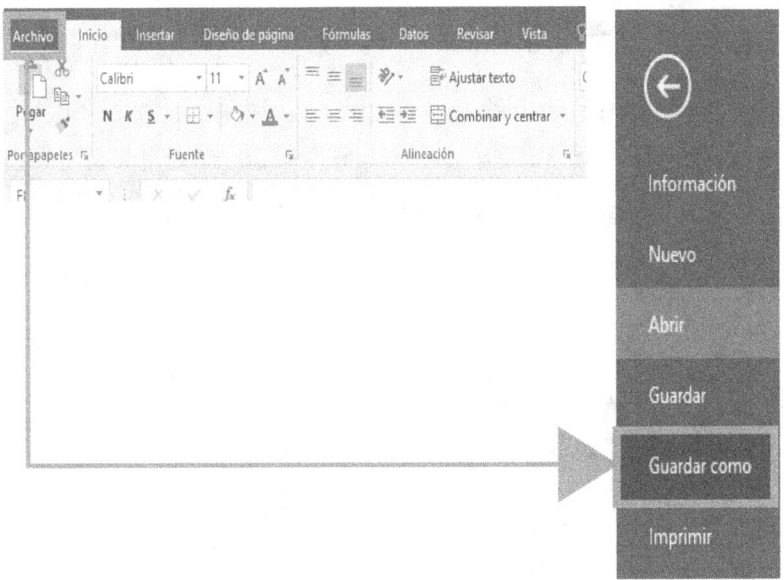

2. Seleccionar la opción **Examinar** para buscar la ubicación donde se desea guardar el archivo.

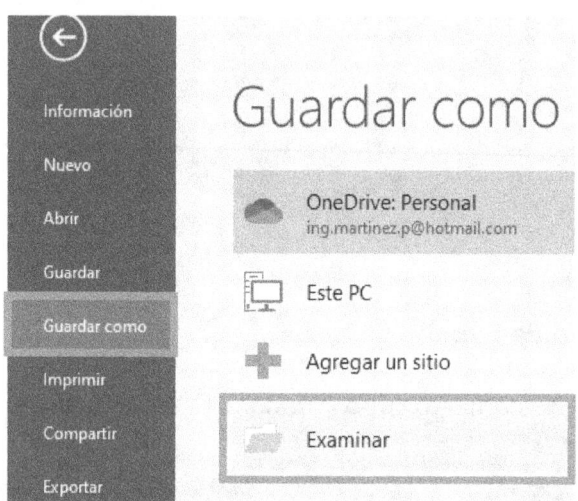

3. De la parte izquierda del cuadro de dialogo seleccionar la ubicación donde se desea almacenar el archivo, puede ser una carpeta local o una unidad externa (USB).

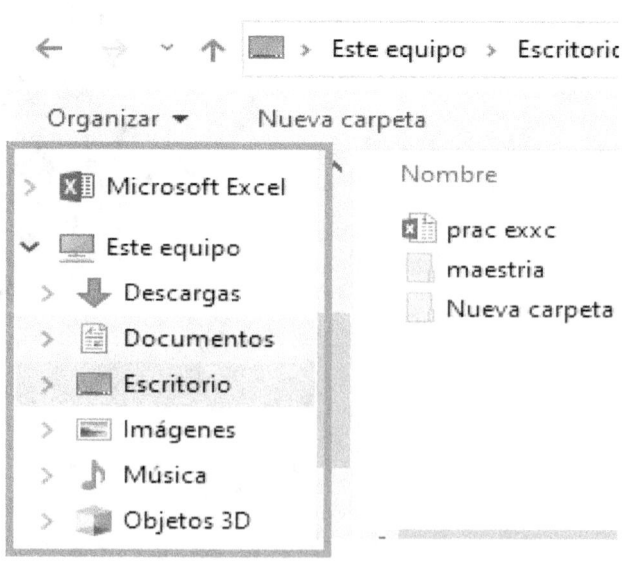

4. Escribir un nombre descriptivo y comprensible. Posteriormente hacer clic en **Guardar**.

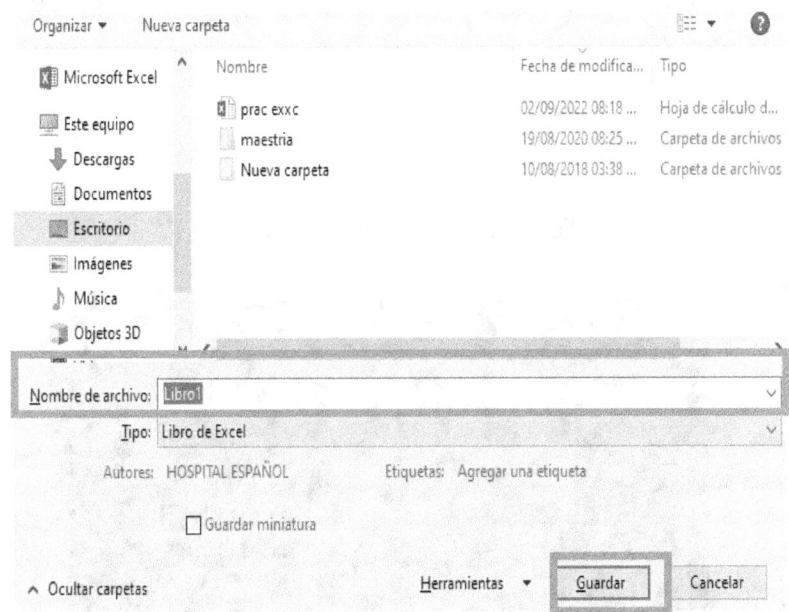

Abrir un archivo

Cuando se desea trabajar con un libro de Excel que ha sido creado anteriormente se puede seguir alguno de los siguientes procedimientos:

Opción 1.

1. Abrir la aplicación de **Microsoft Excel**

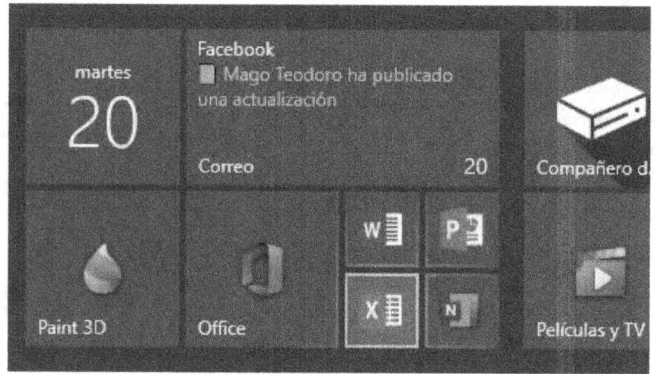

2. Del menú **Archivo** hacer clic en la opción **Abrir**

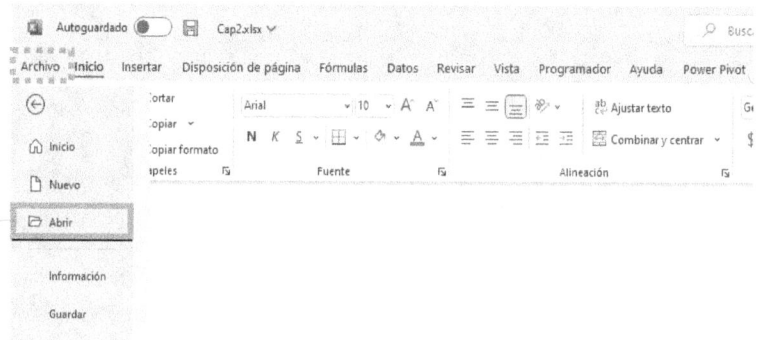

3. Seleccionar **Examinar** y posteriormente ubicar la unidad donde se encuentra almacenado el archivo

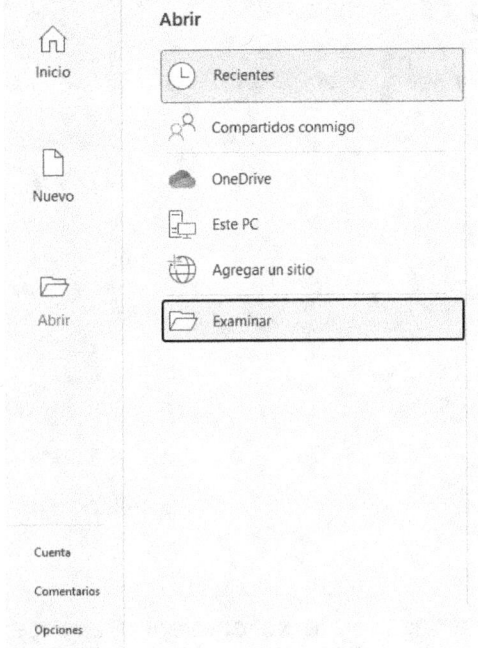

4. Seleccionar el archivo y hacer clic en **Abrir**.

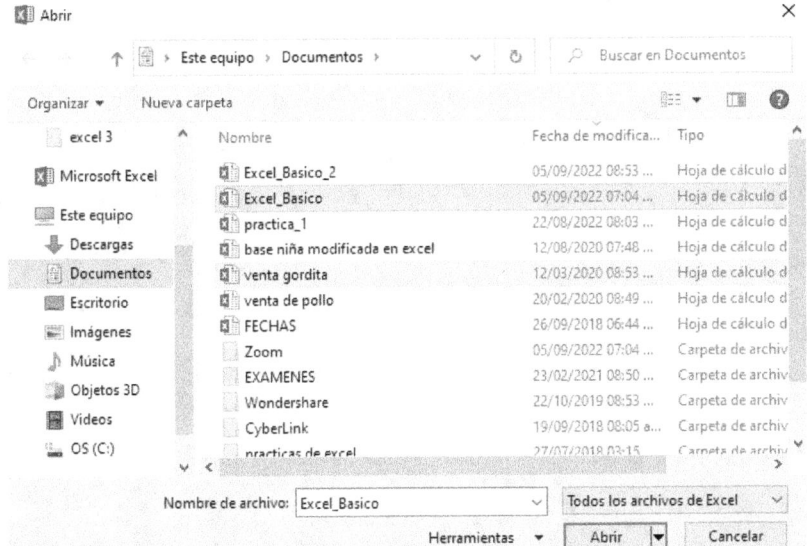

Opción 2.

1. Abrir el Explorador de archivos

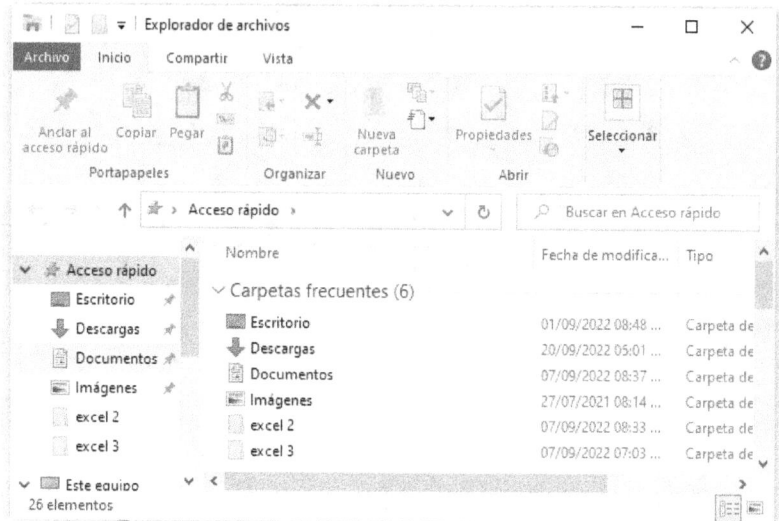

2. Seleccionar la unidad donde se encuentra almacenado el archivo. Las unidades de almacenamiento ya sean carpetas, memorias USB o disco local se encuentran en la parte izquierda.

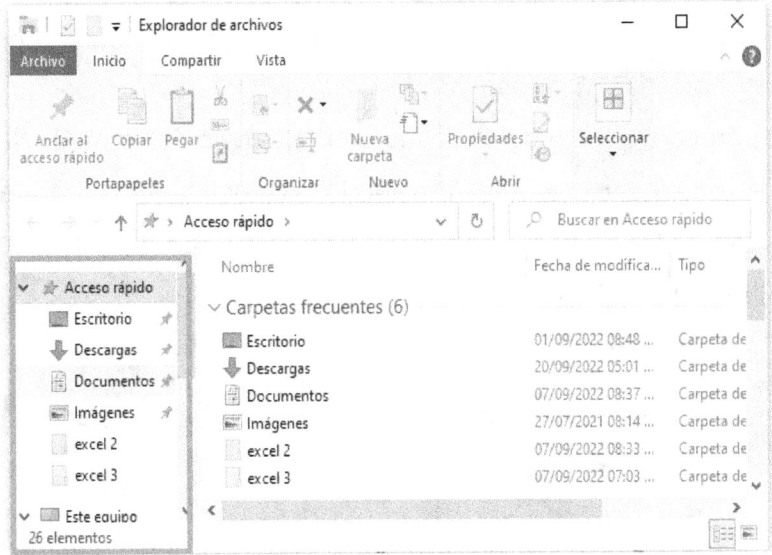

3. Hacer doble clic en el archivo de la lista (los archivos o contenido de cada unidad se visualizan en la parte derecha), o hacer clic con el botón derecho en el archivo y seleccionar **Abrir**.

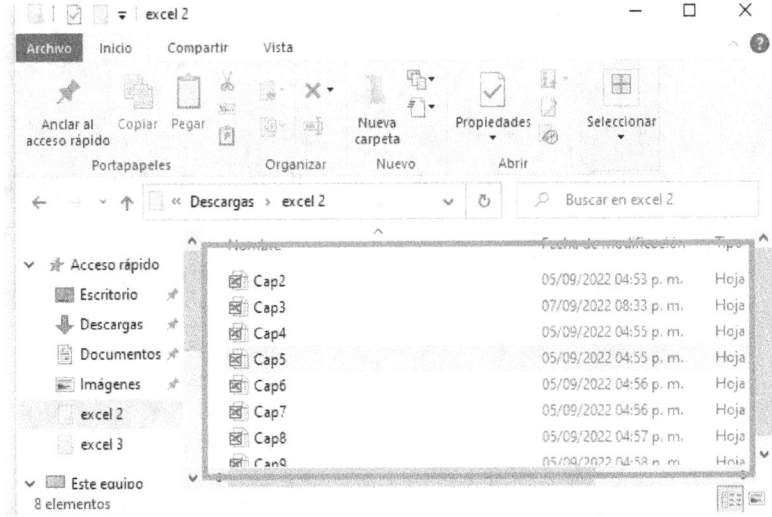

Insertar una hoja de cálculo

En un archivo de Excel (libro) se le pueden agregar un gran número de hojas según sean requeridas por el usuario, por lo regular aparecen 1, 2 o 3 hojas desde un inicio, esto depende de la versión de Excel que se esté manejado. A continuación, se describen algunas opciones para insertar hojas nuevas al libro de Excel en el que se está trabajando.

Opción 1.

Seleccionar el icono "más" ⊕ situado en la parte inferior de la pantalla a un costado de la última hoja.

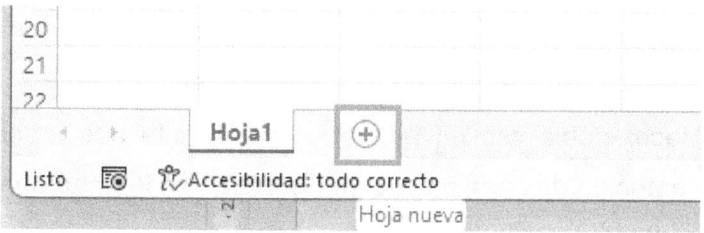

Opción 2.

1. De la ficha **Inicio** ubicar el grupo **Celdas**

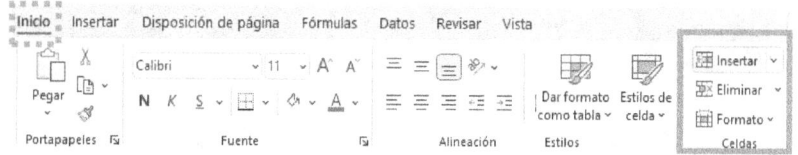

2. Hacer clic en la punta de flecha de la opción Insertar.

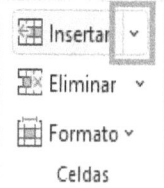

3. De la lista de opciones que se despliega seleccionar la opción **Insertar hoja.**

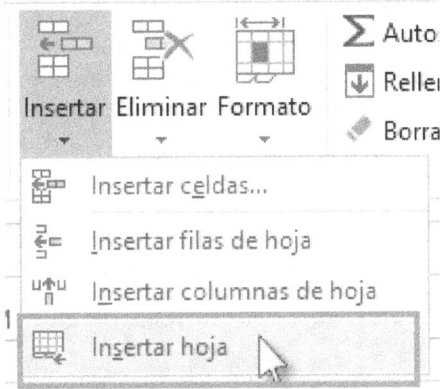

Eliminar una hoja de cálculo

Opción 1.

1. Hacer clic con el botón derecho del mouse en la pestaña sobre el nombre de la **Hoja** que se desea eliminar, se desplegara una lista de opciones.

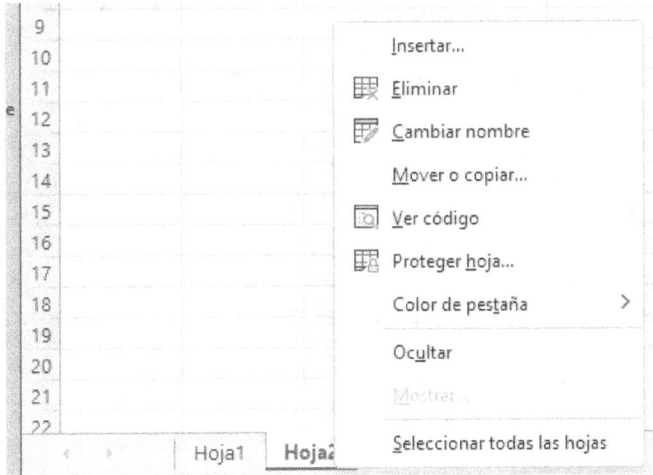

2. Hacer clic en la opción **Eliminar**.

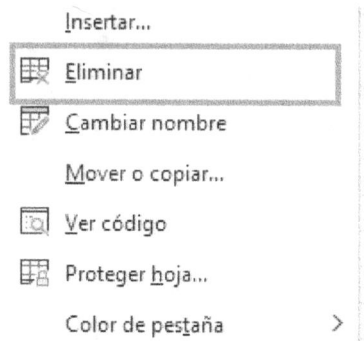

Opción 2.

1. Posicionarse en la hoja que se desea eliminar

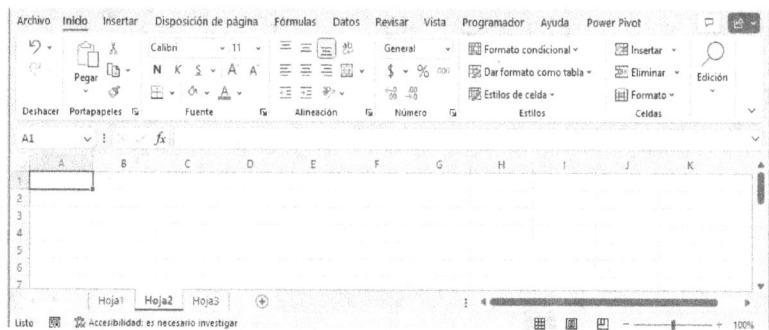

2. De la ficha **Inicio** ubicar el grupo **Celdas**

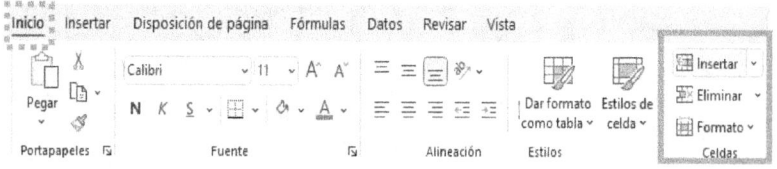

3. Hacer clic en la punta de flecha de la opción **Eliminar**.

4. De la lista de opciones que se despliega seleccionar la opción **Eliminar hoja.**

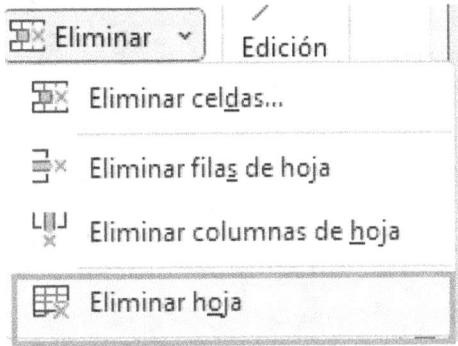

Cambiar el nombre de una hoja de cálculo

De forma predeterminada, Excel asigna automáticamente los nombres de las hojas de cálculo como Hoja1, Hoja2, Hoja3, etc., pero puede cambiar el nombre fácilmente.

A continuación, se describen dos formas de cambiar el nombre de una hoja de cálculo.

Opción 1. Hacer doble clic en la pestaña de hoja y escribir el nuevo nombre.

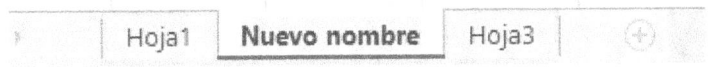

Opción 2. Hacer clic con el botón derecho la pestaña de hoja, seleccionar **Cambiar nombre** y escribir el nuevo nombre.

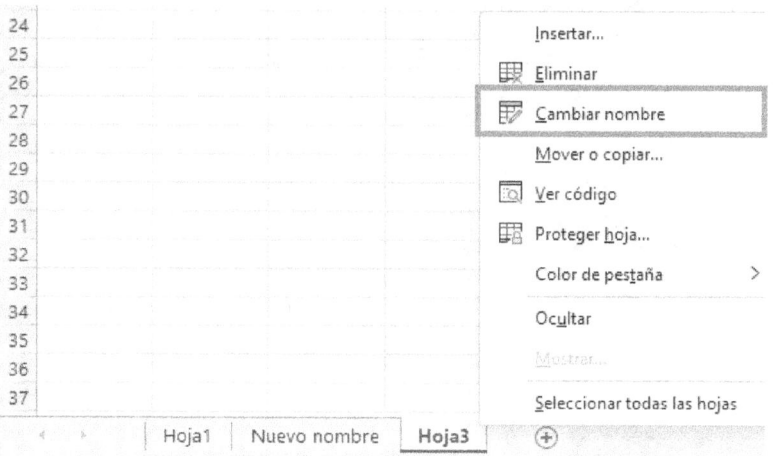

NOTA: Los nombres de hoja de cálculo no pueden:
- Estar en blanco.
- Contener más de 31 caracteres.
- Contener alguno de los caracteres siguientes: / \ ? * : [ ]
- Empezar o terminar con un apóstrofo ('), pero se pueden usar entre el texto o los números de un nombre.
- Llamarse "Historial". Esta es una palabra reservada que Excel usa internamente.

Formas y usos del mouse en Excel

Cuando se está trabajando en Excel, el puntero o cursor cambia su forma a medida que se mueve por las celdas, filas y columnas. De acuerdo a cada forma cambia su función a continuación, se describe cada uno de ellos.

Seleccionador de celdas

Cuando el puntero aparece en forma de cruz como se visualiza en la parte de arriba permite seleccionar una celda haciendo clic sobre ella, o seleccionar un rango si hacemos clic y sostenemos el mouse desplazándolo:

C	D
Nombre	Apellido
Juan	Pérez
José	Arias
Diana	Mora
María	López

Seleccionador de columnas

Cuando se coloca el puntero en la parte superior del nombre de la columna se visualiza como una flecha apuntando hacia abajo, y esto permite seleccionar una columna haciendo clic sobre su nombre:

B	C	D	E
Código	Nombre	Apellido	Fecha de ingreso
CdR-1	Juan	Pérez	01/01/2010
CdR-2	José	Arias	04/04/2004
	Diana	Mora	01/05/2011
	María	López	31/03/2009

Seleccionador de filas

Cuando se coloca el puntero en la parte izquierda sobre el número de fila se visualiza como una flecha apuntando hacia la derecha, y esto permite seleccionar una columna haciendo clic sobre su nombre (en el número de fila):

	B	C	D	E	F	G
1	Código	Nombre	Apellido	Fecha de ingreso		
2	CdR-1	Juan	Pérez	01/01/2010		
3	CdR-2	José	Arias	04/04/2004		

Ampliar columnas

Esta forma del puntero se visualiza cuando se coloca el cursor entre dos columnas y esta forma permite cambiar el ancho de la columna que se encuentra a la izquierda del cursor, esto se logra haciendo clic y arrastrando hacia la derecha.

También se puede autoajustar al contenido del dato más largo que se encuentre en la columna, para esto es necesario hacer doble clic sobre el borde derecho de la columna y ésta automáticamente se ampliará tanto como sea necesario:

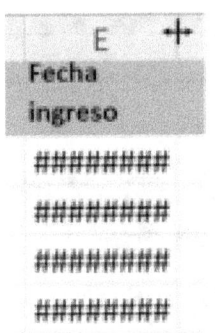

Ampliar filas

Al igual que el ampliador de columnas. Doble clic sobre el borde para alto autoajustado; o con un solo clic y arrastrar hacia arriba o hacia abajo para cambia el alto deseado.

Moverse por la hoja de cálculo

Para el desplazamiento en las celdas de una hoja de cálculo se hace clic con el puntero en la celda deseada o se puede usar las teclas de dirección del teclado en la cual por cada clic que se le dé a la tecla, la celda seleccionada cambiara una a la vez y se moverá según la dirección de la tecla oprimida ya sea hacia arriba, hacia abajo, izquierda o derecha.

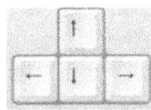

La celda que se encuentre seleccionada se convierte en celda activa y es en la que aparecerá la información que se capture con el teclado.

Otras formas de desplazamiento dentro de una tabla de datos

Para desplazarse al principio o al final de un rango de celdas con datos ya sea en forma horizontal o vertical se oprime la tecla **Ctrl** y la tecla de navegación que apunte hacia la dirección que se desea mover.

Ctrl + ↑	Se selecciona la primera celda con datos de la columna.
Ctrl + →	Se selecciona la última celda de la derecha de la fila que contenga información.
Ctrl + ←	Se selecciona la primera celda de la izquierda de la fila.
Ctrl + ↓	Se selecciona la última celda con datos de la columna.

Aplicar formato a texto de celdas

El formato de texto o de números puede hacer que los datos parezcan más visibles o tener mejor presentación, especialmente cuando se tiene una hoja de cálculo grande. Cambiar los formatos predeterminados incluye aspectos como cambiar el color de fuente, el estilo, el tamaño, la alineación del texto en una celda o aplicar efectos de formato. A continuación, se muestra cómo se puede aplicar diferentes formatos haciendo uso de las herramientas que brinda Excel.

1. Seleccionar la celda o el rango de celdas a las cuales se les desea aplicar formato.

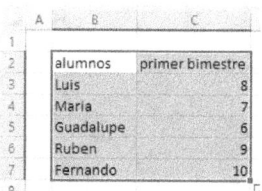

2. De la ficha **Inicio** ubicar el grupo **Fuente**.

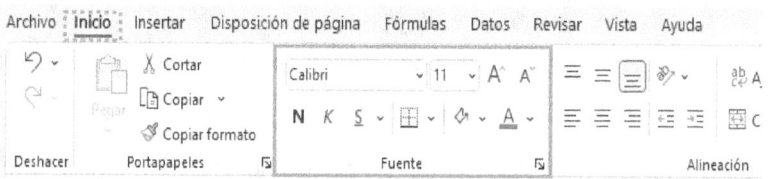

3. Hacer clic en el icono del formato el cual se desee modificar.

Calibri	En esta opción se puede elegir el tipo de letra
11	Esta opción permite indicar el tamaño de letra de manera exacta
A˄	Aumenta el tamaño de letra de manera gradual al dar clic
A˅	Disminuye el tamaño de la letra de manera gradual al hacer clic
A	Permite elegir el color de la letra
◊	Permite elegir el color de relleno de la celda

	Permite activar o modificar el tipo de borde de celda
N	Permite remarcar el texto en **Negrita**
K	Modifica el texto a *Cursiva*
S	Permite elegir un tipo de <u>subrayado</u> para el texto

Como aplicar formato de celdas

A las celdas se les puede modificar el tipo de borde y el color de relleno, para ello se siguen los siguientes pasos:

Borde de celdas

1. Seleccionar las celdas o el rengo de celdas a las cuales se les desea aplicar bordes.

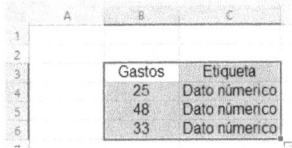

2. De la ficha **Inicio** ubicar el **grupo Fuente**

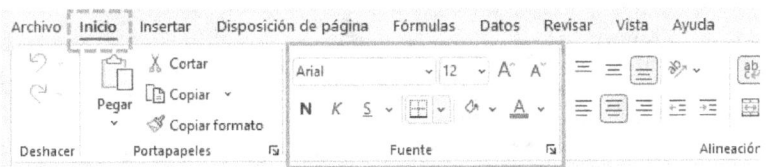

3. Hacer clic en la punta de flecha de la opción **Bordes**

4. De la lista de opciones que se despliega seleccionar la opción **Mas bordes**, es la última opción de la lista.

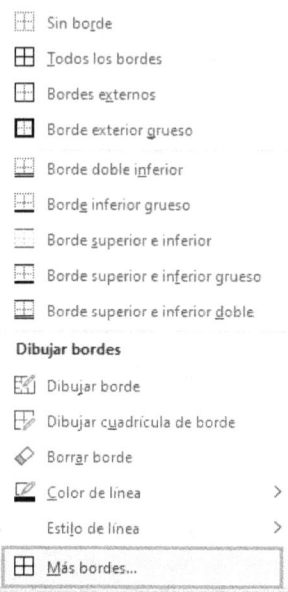

Del cuadro de dialogo que aparece seleccionar el estilo de línea que se desea asignar al borde.

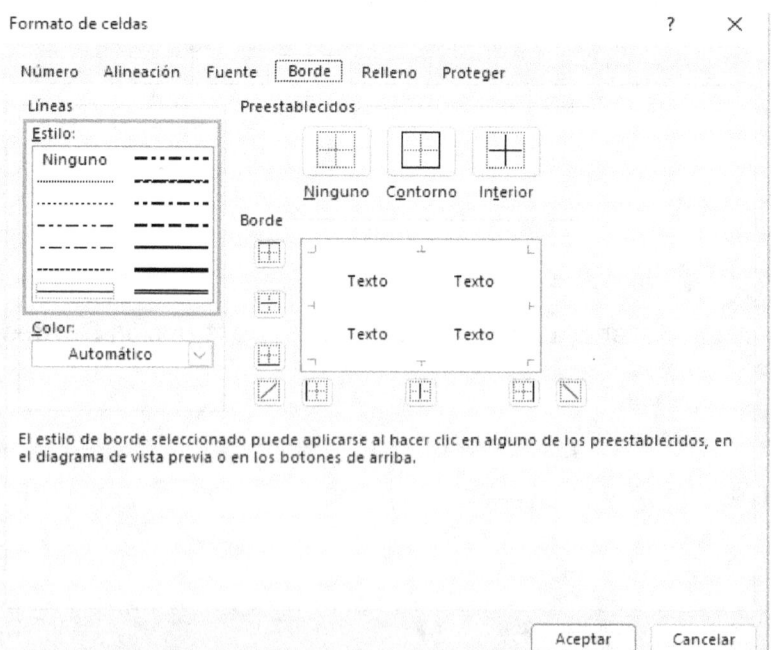

5. Elegir el color adecuado para el borde

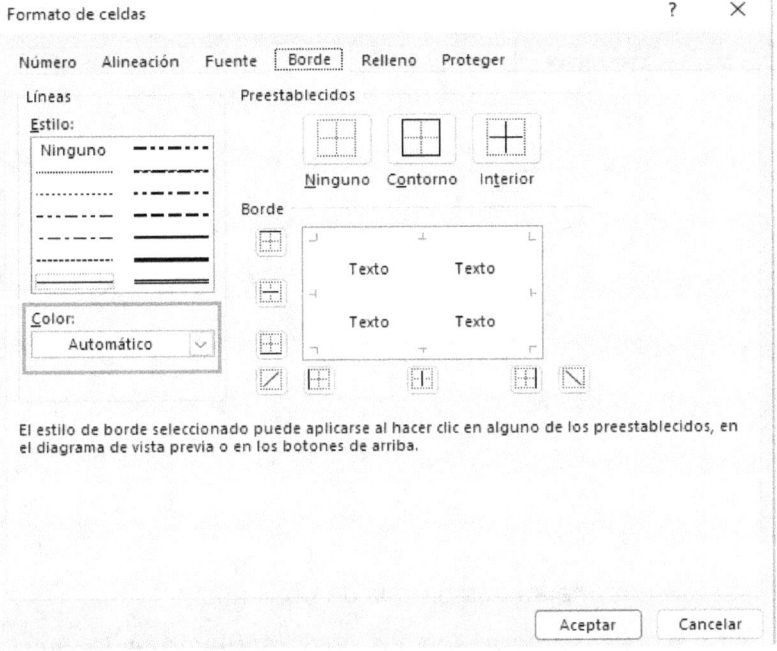

6. Después de haber elegido el estilo y el color del borde, seleccionar a que borde se le va a aplicar el formato.

![Formato de celdas dialog]

Se manejan dos grupos de opciones:

a) La primera son los **Preestablecidos** la cual tiene 3 opciones:

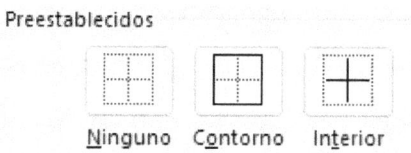

- i) La opción **Ninguno** indica que no se aplicara formato alguno a los bordes
- ii) La opción **Contorno** le aplicara el formato seleccionado al contorno del rango ce celdas sin contemplar los bordes internos.

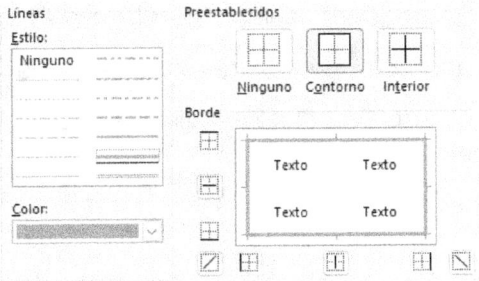

iii) La opción **Interior** aplicará solo formato a los bordes internos sin contemplar el contorno del rengo de celdas.

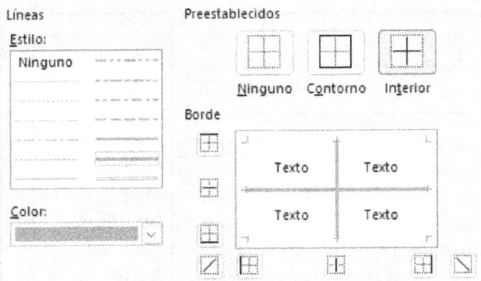

b) La segunda opción es el grupo **Borde,** en este grupo aparecen 8 opciones en las cuales se pude seleccionar el lado al cual se le quiere aplicar el formato elegido.

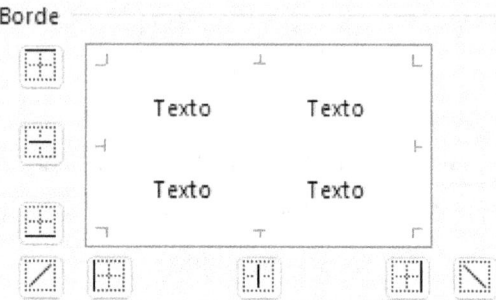

A continuación, se describe cada una de las opciones:

	Aplica formato al borde superior del rango seleccionado		Aplica formato al borde izquierdo del rango seleccionado
	Aplica formato a los bordes horizontales internos		Aplica formato a los bordes Verticales internos
	Aplica formato al borde inferior del rango seleccionado		Aplica formato al borde derecho del rango seleccionado
	Aplica diagonal creciente a todas las celdas seleccionadas		Aplica diagonal decreciente a todas las celdas seleccionadas

7. Una vez elegido el Estilo de borde, el color y el lado o los lados a los cuales se les va a aplicar el formato, hacer clic en **Aceptar**.

Relleno de celda

1. Seleccionar las celdas o el rengo de celdas a las cuales se les desea aplicar bordes.

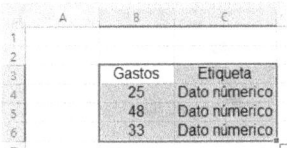

2. De la ficha **Inicio** ubicar el **grupo Fuente**

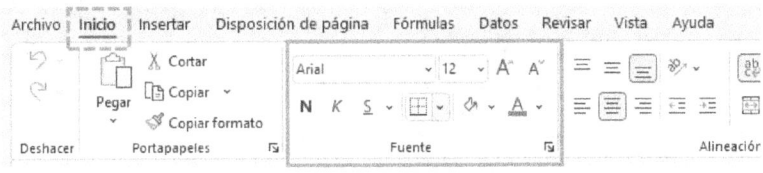

3. Hacer clic en la punta de flecha de la opción

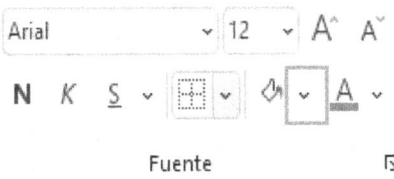

4. De las opciones que se despliegan seleccionar el color deseado

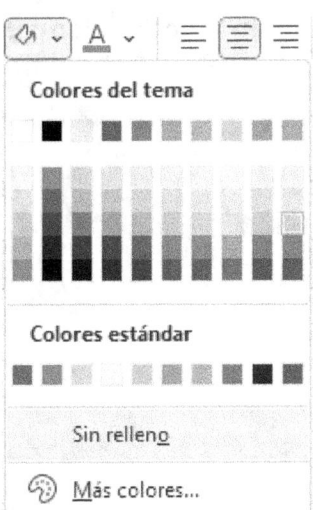

Como aplicar efecto de relleno a celdas

Es la combinación de dos colores y se puede elegir el orden de los mismos y el estilo de sombreado.

1. Seleccionar las celdas o el rengo de celdas a las cuales se les desea aplicar bordes.

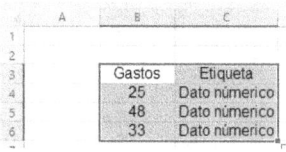

2. De la ficha **Inicio** ubicar el **grupo Celdas**

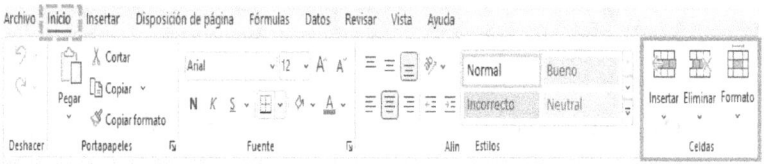

3. Hacer clic en la punta de flecha de la opción **Formato**

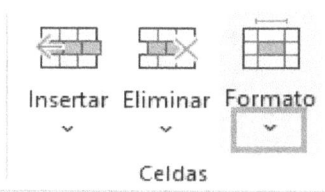

4. De las opciones que se despliegan seleccionar **Formato de celdas**

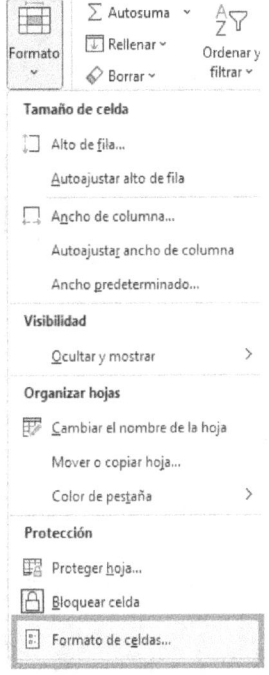

5. Se visualizará el siguiente cuadro de diálogo:

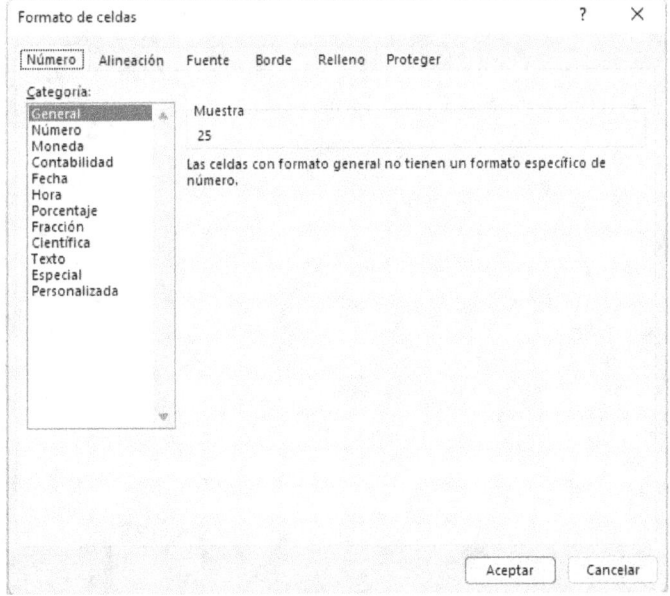

6. Hacer clic en la pestaña **Relleno**

7. Hacer clic en la opción **Efectos de relleno** y aparecerá el siguiente cuadro de dialogo.

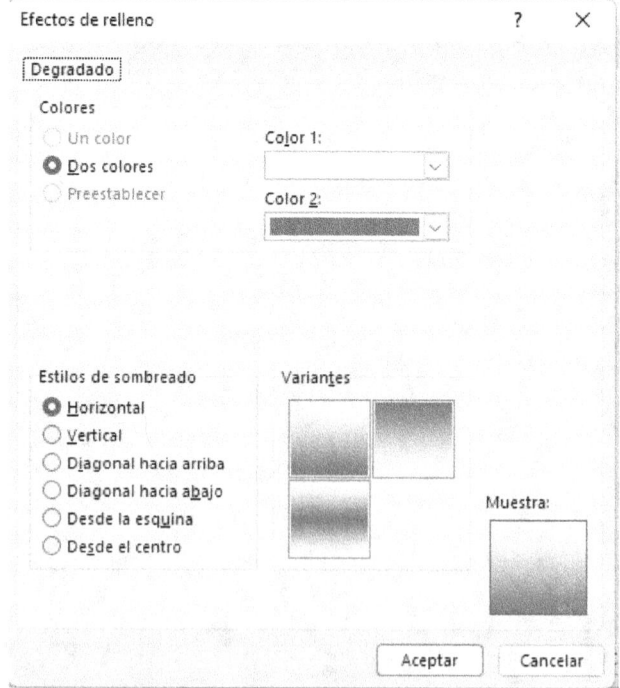

8. Hacer clic en **Color 1** y seleccionar el color deseado, repetir lo mismo con el **Color 2**.

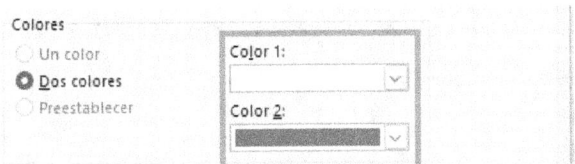

9. Elegir el estilo de sombreado y la variante deseada:

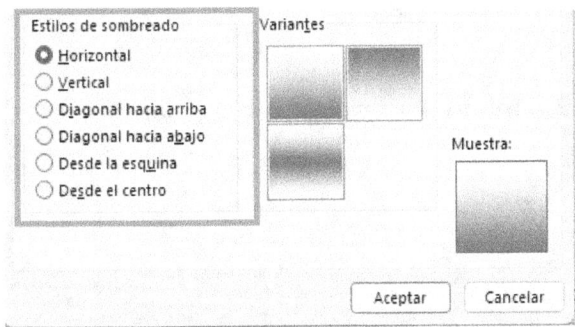

10. hacer clic en **Aceptar.**

Aplicar relleno de trama a celdas

La trama es un efecto tenue que se le agrega extra al relleno de celda.

1. Seleccionar las celdas o el rengo de celdas a las cuales se les desea aplicar bordes.

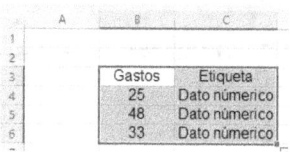

2. De la ficha **Inicio** ubicar el **grupo Celdas**

3. Hacer clic en la punta de flecha de la opción **Formato**

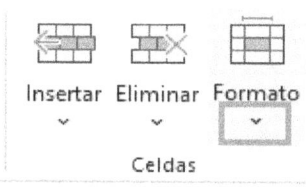

4. De las opciones que se despliegan seleccionar **Formato de celdas**

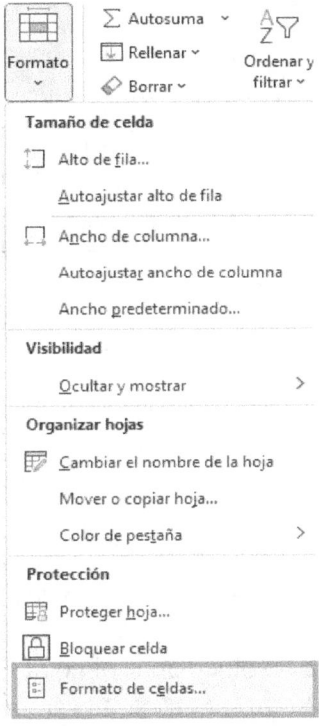

5. Se visualizará el siguiente cuadro de diálogo:

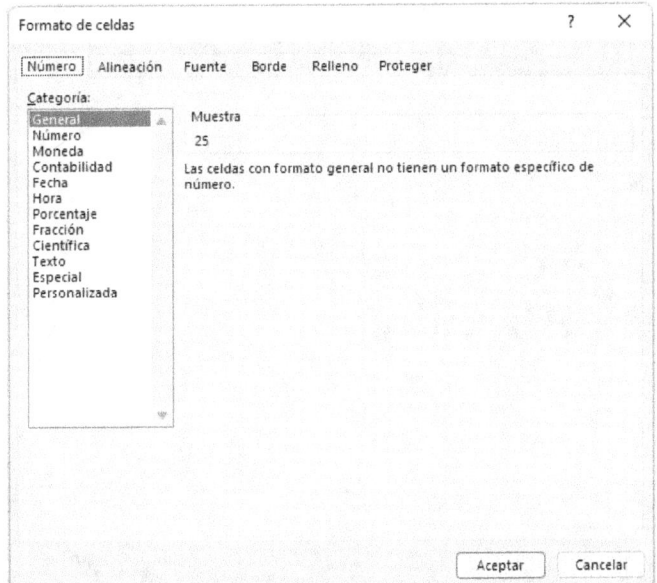

6. Hacer clic en la pestaña **Relleno**

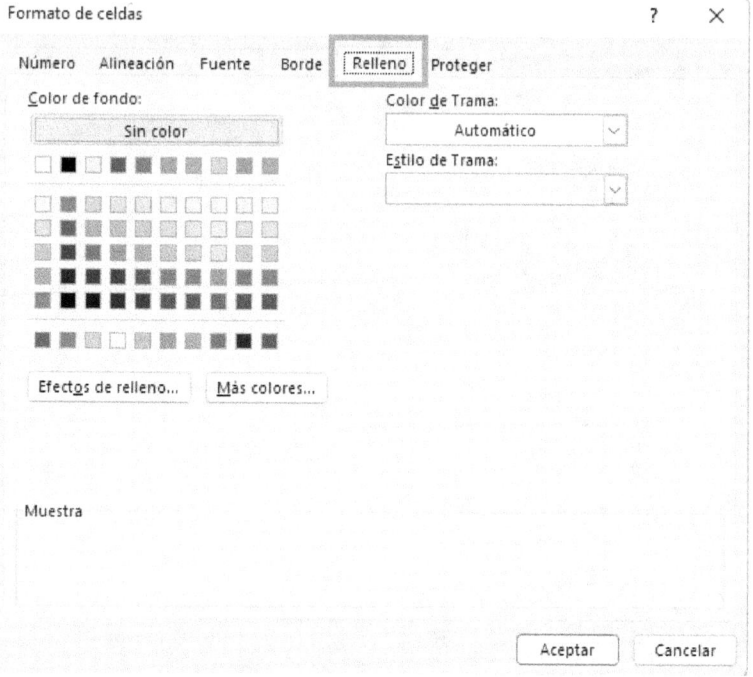

7. Hacer clic en **Color de trama** y seleccionar el color deseado

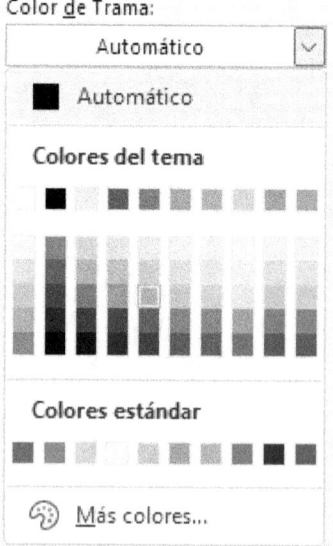

8. Hacer clic en **Estilo de trama** y seleccionar el estilo deseado

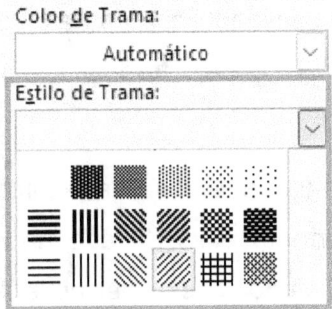

9. Hacer clic en **Aceptar**.

Tipo de datos en Excel

En una hoja de cálculo se puede introducir cualquier tipo de información, pero es importante saber identificar los datos para así asignarle el formato adecuado y poder trabajar, así como manipularlo sin problema.

El formato que se le asigne a la celda dependerá de la información que se valla a manejar, es importante elegir la adecuada de lo contrario puede influir en algunas funciones o herramientas que manejen a futuro. Puede ser de tipo numérico, fecha, texto, porcentaje, entre otros.

Los tipos de datos que se puede introducir en Excel

Para cambiar el formato de datos de una celda, seleccionaremos una opción disponible del menú desplegable del comando formato de número, podrás ver que hay varios disponibles y podemos ver en la lista una previsualización de cada formato sobre nuestra selección.

Formatos de celda disponibles		
General — Sin formato específico	Fecha corta	Fracción
Número	Fecha larga	Científica
Moneda	Hora	Texto
Contabilidad	Porcentaje	Más formatos de número...

A continuación, se describe cada uno de ellos:

General

Es el formato de número predeterminado. El contenido agregado a la celda con este formato se muestra tal y como se escribe, el formato general redondea los números con decimales.

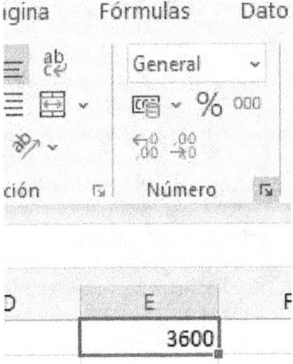

Número

Se usa para la presentación de números en general. Permitiendo especificar el número de posiciones decimales que se va a usar y el uso de un separador de miles. Se alinean automáticamente a la derecha.

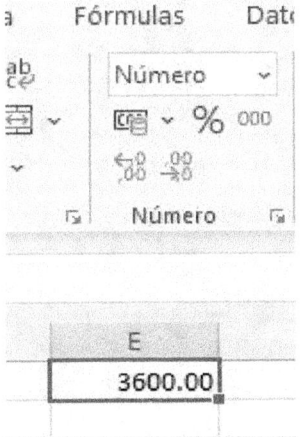

Moneda

El formato moneda se usa con valores monetarios y muestra el símbolo de moneda predeterminado junto a los números, por esto considera que cuando captures cantidades monetarias no es necesario agregarle el signo de pesos, euros, etc. Basta con escribir la cantidad, por ejemplo: 100.50, 1500 y posteriormente cambiarle el formato a moneda

El símbolo de moneda se toma de las configuraciones que tiene el sistema operativo Windows, sin embargo, desde el comando "Formato de numero de contabilidad" se puede cambiar.

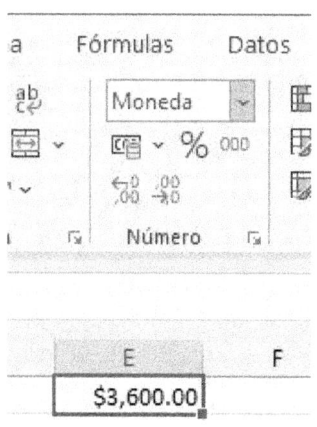

Contabilidad

El formato contabilidad también se usa para valores monetarios, pero alinea los símbolos de moneda y las comas decimales en una columna.

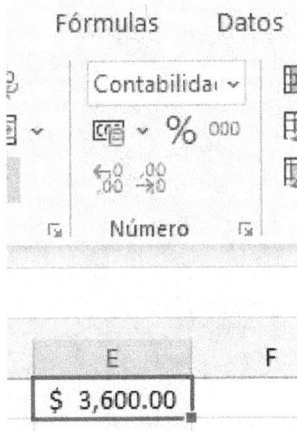

Fecha y hora

Muestra los números de serie que representan fechas y horas como valores de fecha, según el tipo y la configuración regional (ubicación) especificados al instalar el sistema operativo.

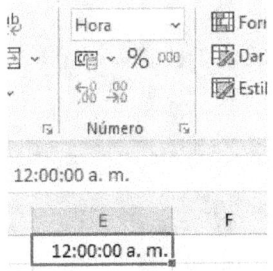

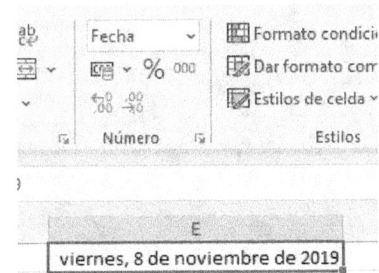

Porcentaje

Multiplica el valor de la celda por cien y muestra el resultado con un símbolo de porcentaje. Se puede especificar el número de posiciones decimales que se desee utilizar utilizando los controles en el menú de cinta.

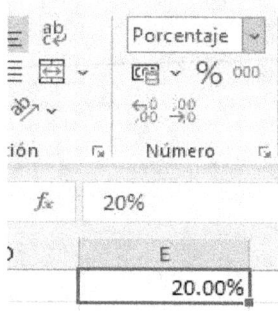

Fracción

Muestra los números decimales de un número como una fracción

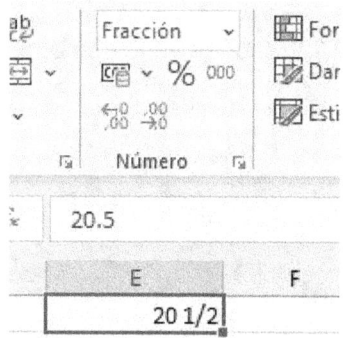

Científico

El formato científico se usa para mostrar números muy grandes en notación exponencial en el que se reemplaza la parte del número por E más N donde E, el exponente multiplica el número anterior por 10 elevado a la N.

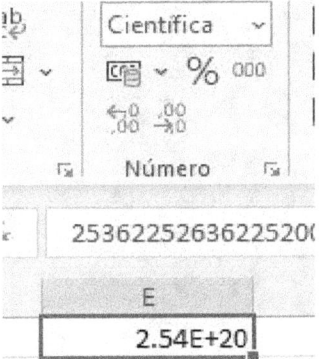

Texto

El formato texto trata el contenido de una celda como texto y lo muestra tal como se escribe, incluso si se utilizan números, esto lo podrás notar ya que se alinean a la izquierda.

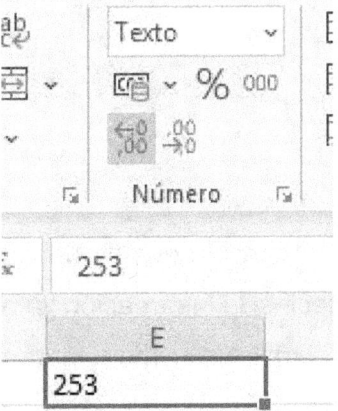

Formato de número

Se pueden encontrar más opciones para los tipos de formato de número, para ello se hace clic en la flecha ubicada en la parte inferior del grupo Número. Una vez abierta la ventana en la pestaña número se tienen todas las opciones de formato de celda que ofrece Excel.

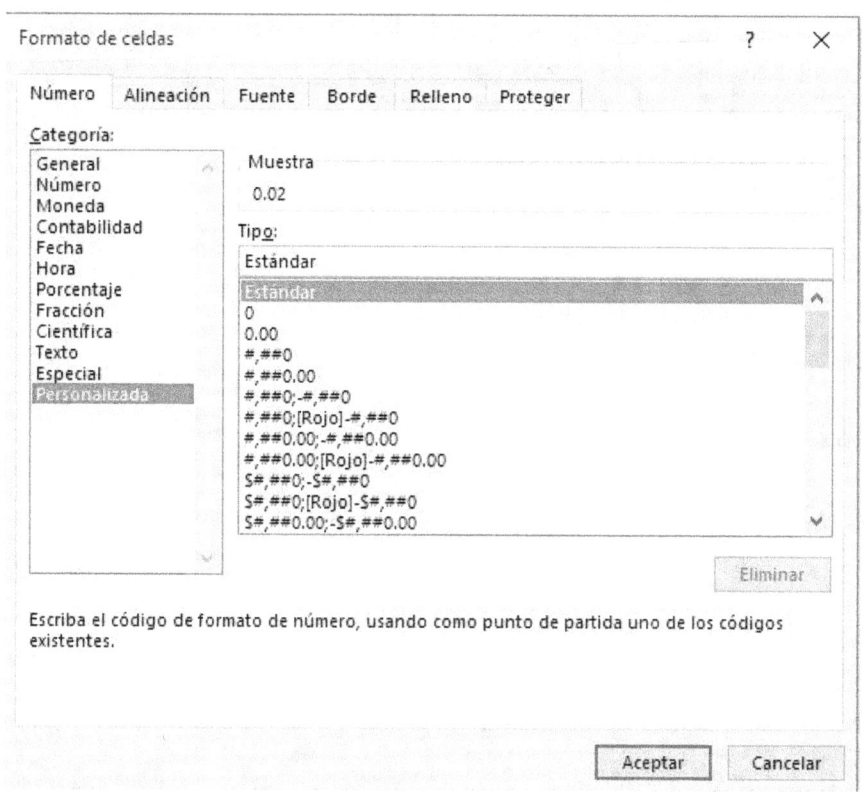

Asignación de tipo de dato a celda

El tipo de dato a elegir dependerá de la información que se desea introducir a las celdas seleccionadas, es decir si la información va a ser una fecha, un número, un valor porcentual, valor monetario o texto.

Para asignar el tipo de dato a una o varias celdas se siguen los siguientes pasos:

1. Seleccionar la celda o el rango de celdas a las cuales se les desea modificar el topo de dato.

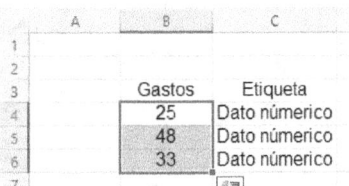

2. De la ficha **Inicio** ubicar el grupo **Numero**

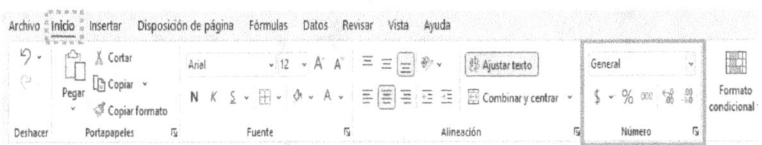

3. Hacer clic en la punta de flecha que está en la opción **General** para desplegar la lista de opciones.

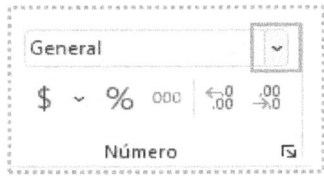

4. De la lista que se despliega hacer clic en el tipo de dato deseado.

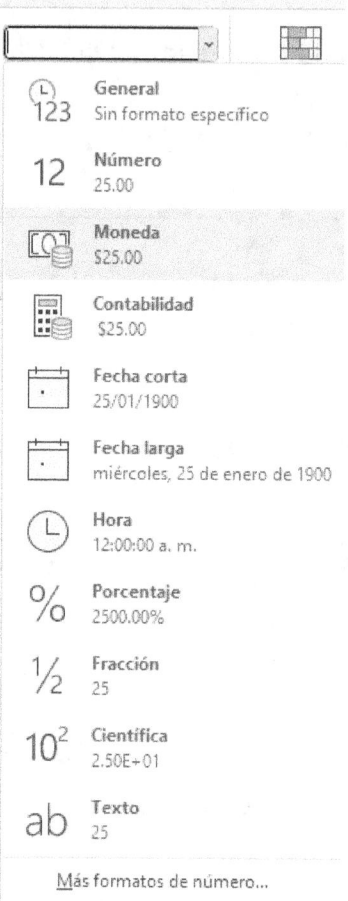

Cortar, copiar y pegar en Excel

Se pueden copiar contenidos o atributos específicos de las celdas. Por ejemplo, copiar el valor resultante de una fórmula sin copiar la fórmula o copiar solo la fórmula.

Al mover o copiar una celda, Excel mueve o copia toda la celda, incluidas las fórmulas y sus valores resultantes, los formatos de celda y los comentarios.

Se pueden mover celdas en Excel arrastrándolas y soltándolas o usando los comandos Cortar y Pegar.

Cortar y pegar con el mouse

1. Seleccionar las celdas o el rango de celdas que quiera mover.

alumnos	primer bimestre
Luis	8
Maria	7
Guadalupe	6
Ruben	9
Fernando	10

2. Colocar el puntero del mouse al borde de la selección (en cualquier punto del borde excepto en la esquina inferior derecha).

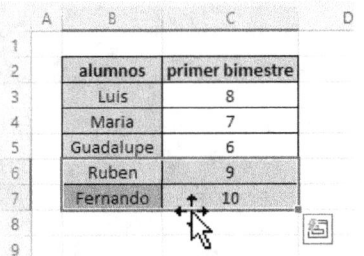

3. Cuando el puntero se convierta en un puntero de movimiento ![pointer], hacer clic y arrastrar la celda o el rango de celdas a la ubicación deseada.

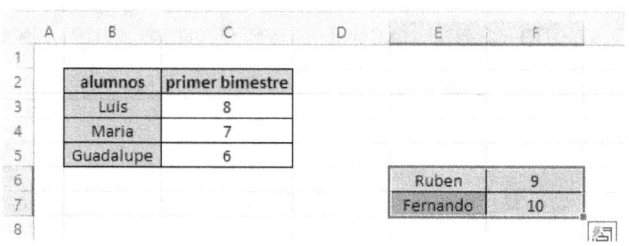

4. Una vez posicionado a la ubicación deseada dejar de hacer clic con el mouse.

Copiar y pegar con el mouse

1. Seleccionar las celdas o el rango de celdas que quiera copiar.

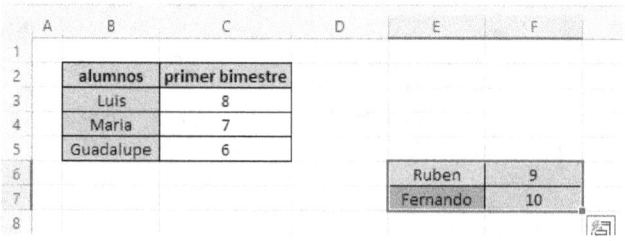

2. Colocar el puntero del mouse al borde de la selección (en cualquier punto del borde excepto en la esquina inferior derecha).

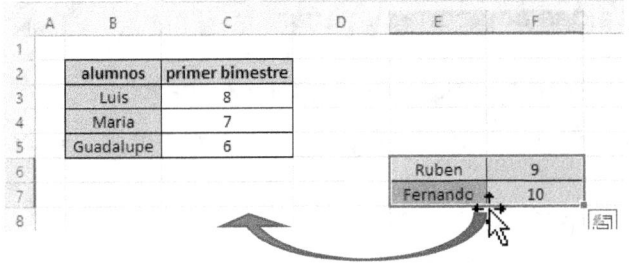

3. Cuando el puntero se convierta en un puntero de movimiento, oprimir la tecla **Ctrl** y dejarla oprimida, hacer clic con el mouse y arrastrar la celda o el rango de celdas a la ubicación deseada.

4. Una vez posicionado a la ubicación deseada dejar de hacer clic con el mouse y dejar de oprimir la tecla **Ctrl**.

Mover las celdas con cortar y pegar

1. Seleccionar una celda o un rango de celdas.
2. De la ficha **Inicio** ubicar el grupo **Portapapeles** y hacer clic en Cortar .

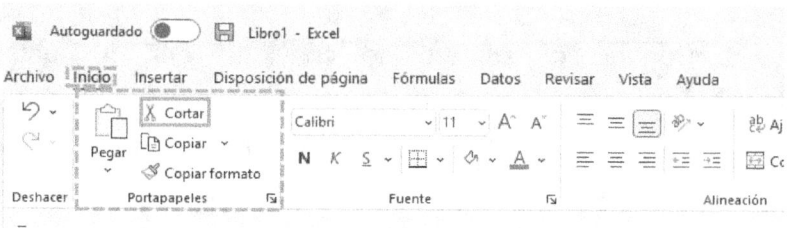

3. Seleccionar la celda a la que se quiere mover la información.
4. De la ficha **Inicio** ubicar el grupo **Portapapeles** y hacer clic en

   Pegar  .

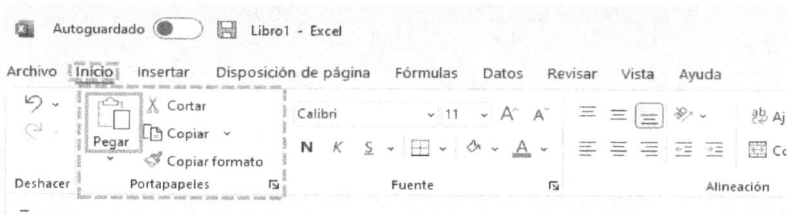

Cortar y pegar con comandos

1. Seleccionar la celda o rango de celdas que se desean mover.
2. Presionar la tecla **Ctrl** y sin soltarla presionar la tecla **X** (Ctrl + X).
3. Hacer clic en la celda a donde se quiere mover la información
4. Presionar la tecla **Ctrl** y sin soltarla presionar la tecla **V** (Ctrl + V).

Copiar y pegar con herramientas

1. Seleccionar una celda o un rango de celdas.
2. De la ficha **Inicio** ubicar el grupo **Portapapeles** y hacer clic en **Copiar** .

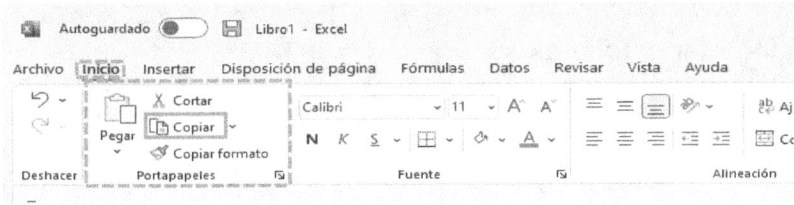

3. Seleccionar la celda a la que se quiere mover la información.
4. De la ficha **Inicio** ubicar el grupo **Portapapeles** y hacer clic en **Pegar** .

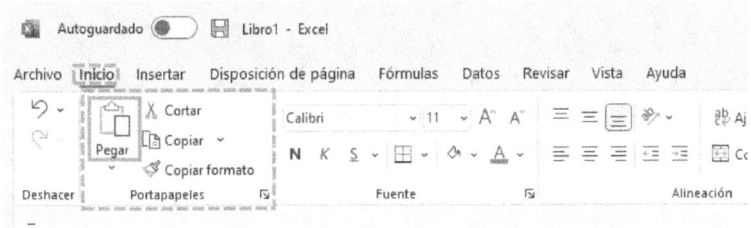

Insertar o eliminar filas o columnas

En Excel se pueden realizar cambios en la presentación de la hoja de cálculo para mejorar en el aspecto de legibilidad y visualización. Esto se puede lograr Insertando y eliminando filas, columnas y celdas.

Insertar columnas

1. Seleccionar una celda de la columna en la cual se desea que aparezca la nueva columna en blanco.

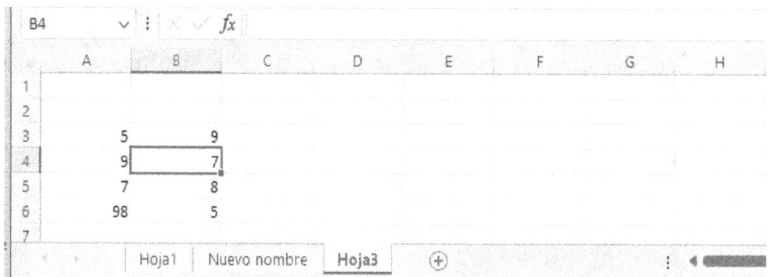

2. De la ficha **Inicio** ubicar el grupo **Celdas**

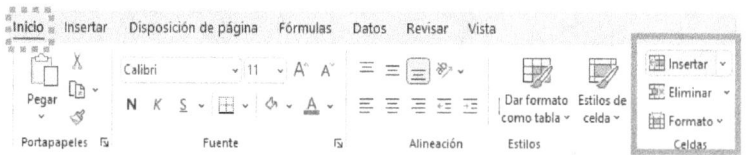

3. Hacer clic en la punta de flecha de la opción Insertar.

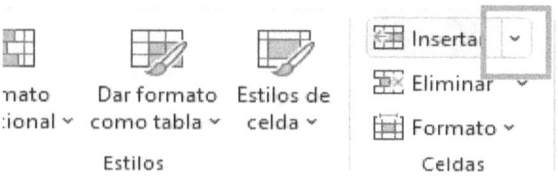

4. De la lista de opciones que se despliega seleccionar la opción **Insertar columnas de hoja.**

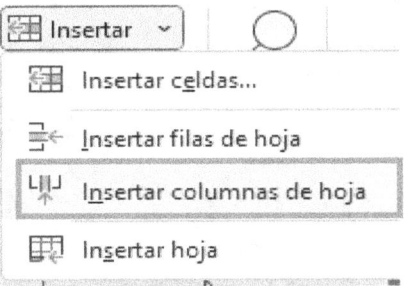

Quedando de la siguiente manera:

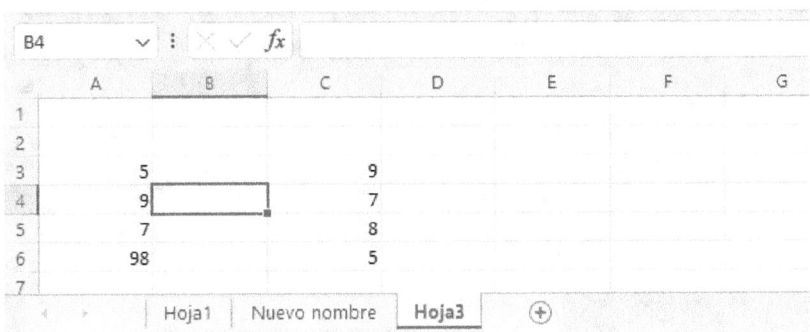

Eliminar columnas

1. Hacer clic en una celda de la columna que se desea eliminar.

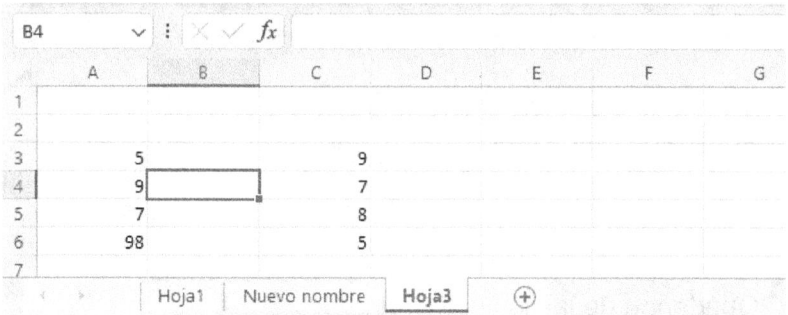

2. De la ficha **Inicio** ubicar el grupo **Celdas**

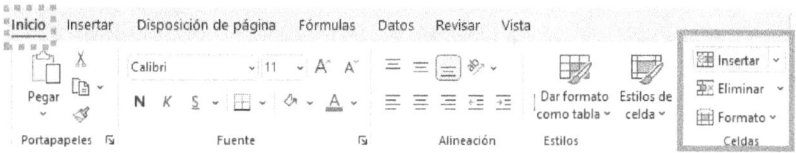

3. Hacer clic en la punta de flecha de la opción **Eliminar**.

4. De la lista de opciones que se despliega seleccionar la opción **Eliminar columnas de hoja**.

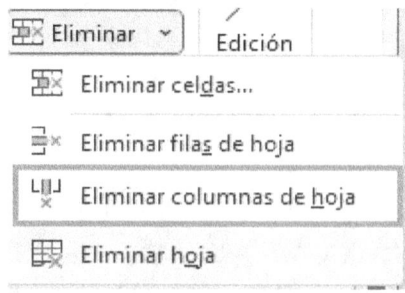

Insertar filas

1. Seleccionar una celda de la fila en la cual se desea que aparezca la nueva fila en blanco.

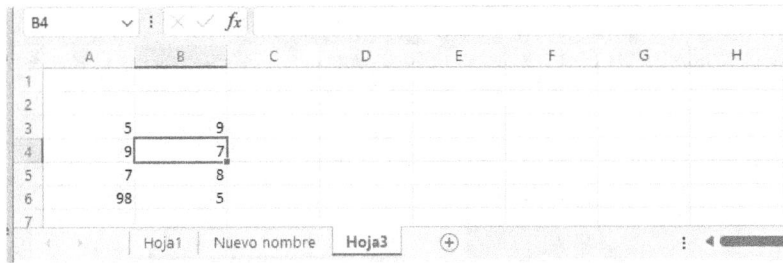

2. De la ficha **Inicio** ubicar el grupo **Celdas**

3. Hacer clic en la punta de flecha de la opción Insertar.

4. De la lista de opciones que se despliega seleccionar la opción **Insertar filas de hoja**.

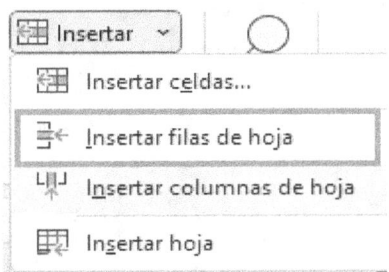

Eliminar filas

1. Hacer clic en una celda de la columna que se desea eliminar.

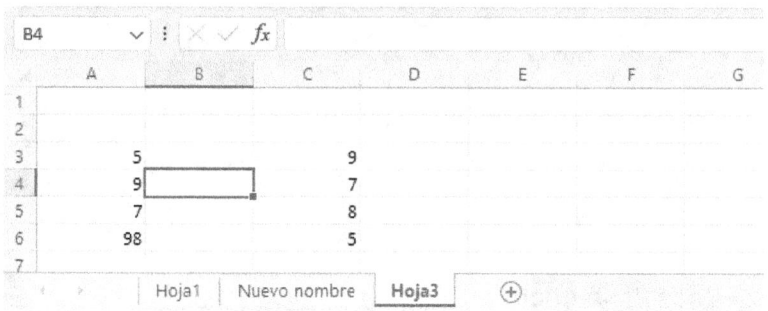

2. De la ficha **Inicio** ubicar el grupo **Celdas**

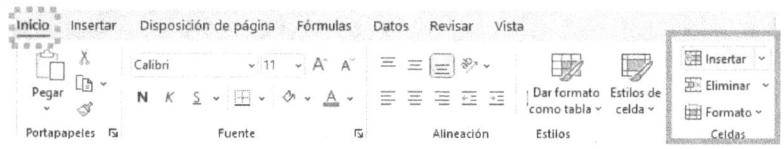

3. Hacer clic en la punta de flecha de la opción **Eliminar**.

4. De la lista de opciones que se despliega seleccionar la opción **Eliminar filas de hoja**.

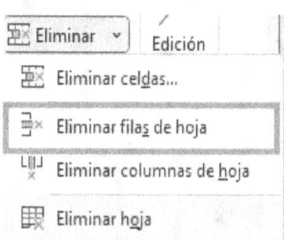

Insertar celdas

1. Seleccionar la celda en la cual se desea que aparezca la nueva celda en blanco.

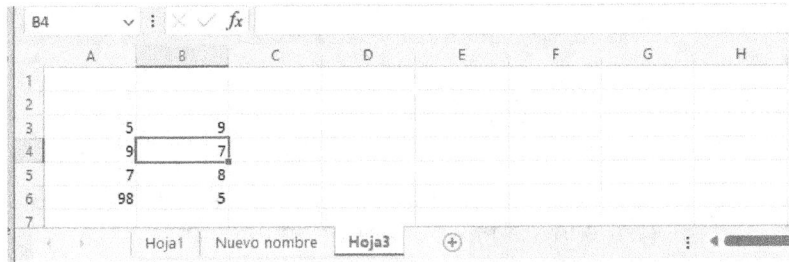

2. De la ficha **Inicio** ubicar el grupo **Celdas**

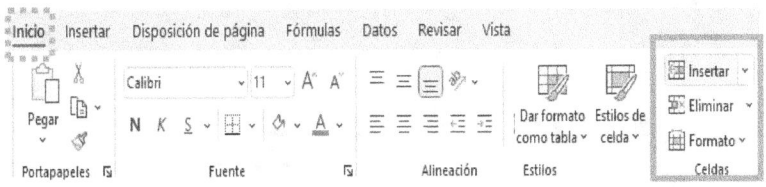

3. Hacer clic en la punta de flecha de la opción Insertar.

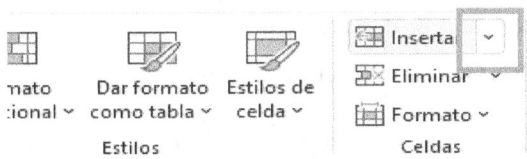

4. De la lista de opciones que se despliega seleccionar la opción **Insertar celdas.**

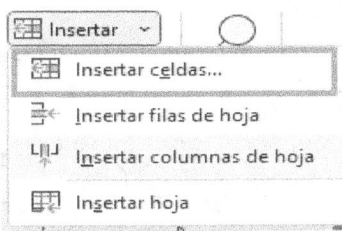

Aparecerá el siguiente cuadro de dialogo:

```
Insertar                              ?    ×
Insertar
  ⦿ Desplazar las celdas hacia la derecha
  ○ Desplazar las celdas hacia abajo
  ○ Toda la fila
  ○ Toda la columna
            Aceptar        Cancelar
```

5. De la lista que aparece seleccionar la opción uno o la dos según convenga y hacer clic en aceptar

    Opción 1. Desplazar las celdas hacia la derecha

	A	B	C	D	E
1	5	9	13	17	
2	9		7	5	3
3	7	8	9	10	
4	98	5	13	17	
5					
6					
7					

    Hoja1 | Nuevo nombre | Hoja3 | ⊕

    Como se observa se insertó la celda B2 y los datos de la fila se recorrieron hacia la derecha.

    Opción 2. Desplazar las celdas hacia abajo

	A	B	C	D	E
1	5	9	13	17	
2	9		5	3	
3	7	7	9	10	
4	98	8	13	17	
5		5			
6					
7					

    Hoja1 | Nuevo nombre | Hoja3 | ⊕

    Como se observa se insertó la celda B2 y los datos restantes de la columna se recorrieron hacia la abajo.

6. Una vez seleccionada la opción deseada hacer clic en **Aceptar**.

Eliminar celdas

1. Hacer clic en una celda de la columna que se desea eliminar.

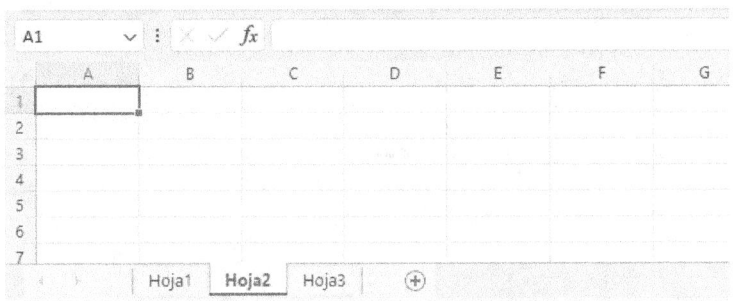

2. De la ficha **Inicio** ubicar el grupo **Celdas**

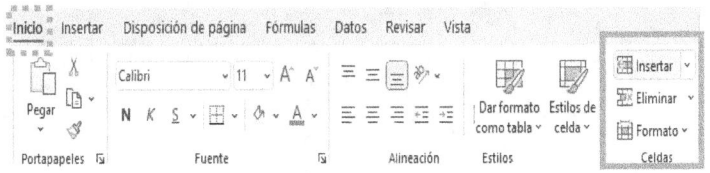

3. Hacer clic en la punta de flecha de la opción **Eliminar**.

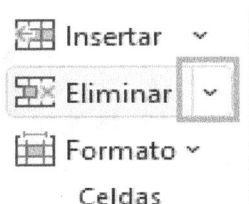

4. De la lista de opciones que se despliega seleccionar la opción **Eliminar celdas**.

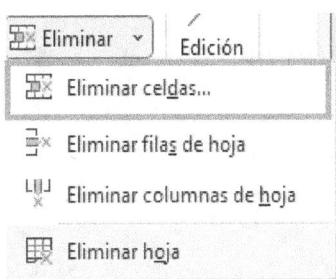

5. Del cuadro de dialogo que aparece seleccionar la opción uno o dos según convenga

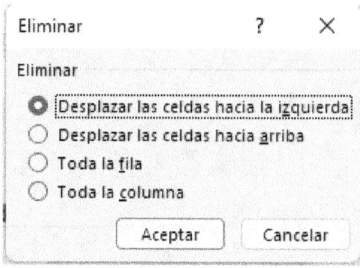

Opción 1. Desplazar las celdas hacia la izquierda

A	B	C	D	E
	4	6	8	
	6	7	8	
	9	5	1	
	8	4	0	
	7	3	5	
	6	2	10	

A	B	C	D	E
	4	6	8	
	6	7	8	
	9	1		
	8	4	0	
	7	3	5	
	6	2	10	

Opción 2. Desplazar las celdas hacia arriba.

A	B	C	D	E
	4	6	8	
	6	7	8	
	9	5	1	
	8	4	0	
	7	3	5	
	6	2	10	

A	B	C	D	E
	4	6	8	
	6	7	8	
	9	4	1	
	8	3	0	
	7	2	5	
	6		10	

La celda que se eliminó en ambos casos fue la celda C4 cuyo contenido era el número 5.

Ocultar filas y columnas

Esta herramienta se utiliza cuando existe información no tan relevante en cierto momento pero que puede ser requerida más adelante o bien pueden ser valores que son utilizados en formulas por lo tanto no pueden ser eliminados.

Se puede mostrar u ocultar filas o columnas en la hoja de cálculo para mostrar únicamente los datos que necesita ver o imprimir.

Seleccionar filas o columnas

1. Hacer clic en el encabezado de la fila o de la columna.

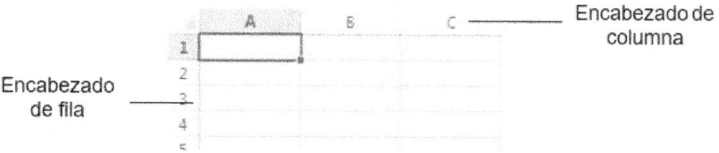

Ocultar filas o columnas

1. Seleccionar las filas o columnas que se desea ocultar.
2. Hacer clic con el botón derecho del mouse en la selección y, después, seleccione **Ocultar**.

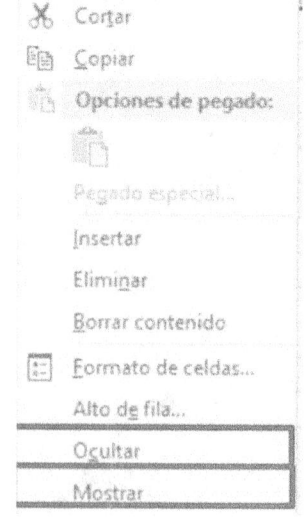

Mostrar filas o columnas

1. Seleccionar las columnas adyacentes a las columnas ocultas.

2. Hacer clic con el botón derecho en la selección y, después, hacer clic en **Mostrar**.

Cambiar la alineación del texto

Se puede colocar el texto dentro de una celda para que esté centrado, alineado a la izquierda o a la derecha. Si es una línea larga de texto, se puede aplicar **Ajustar texto** para que todo el texto esté visible.

Pasos para modificar la alineación del texto

1. Seleccionar el texto que se desea alinear
2. En la pestaña **Inicio** ubicar el grupo **Alineación** y seleccionar la opción de alineación que se desee.

	Para alinear verticalmente el texto
▤	Alinear a la parte superior
▤	Centrar verticalmente
▤	Alinear en la parte inferior
	Para alinear horizontalmente el texto
▤	Alinear texto a la izquierda
▤	centrar horizontalmente
▤	Alinear texto a la derecha

Cuando se tiene una línea de texto larga, es posible que parte del texto no esté visible. Para corregir esto sin cambiar el ancho de la columna, hacer clic en **ajustar texto**.

Para centrar el texto que ocupa varias columnas o filas, hacer clic en **combinar y centrar**.

Cambiar la orientación del texto en una celda

Se puede girar el texto hacia arriba, hacia abajo, en sentido de las manecillas del reloj o en sentido anti reloj, o bien alinear el texto verticalmente:

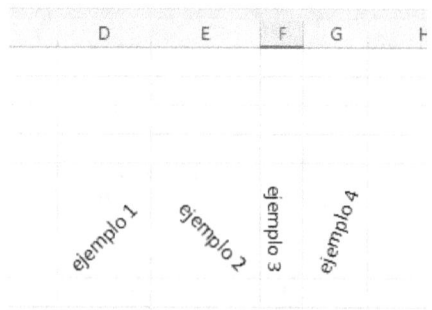

Pasos para cambiar la orientación del contenido de una celda

1. Seleccionar una celda, fila, columna o rango.
2. De la ficha Inicio ubicar el grupo Alineación y hacer clic en la punta de flecha de la opción **Orientación** .

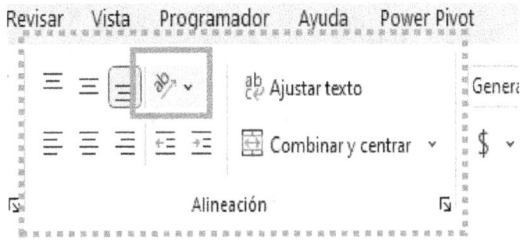

3. De la lista de opciones que se despliega seleccionar la deseada.

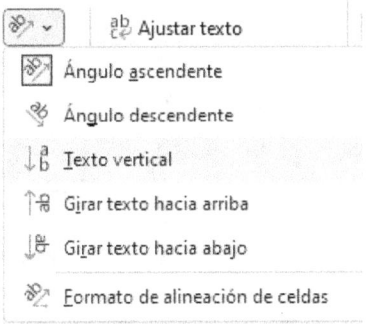

Girar texto en un ángulo preciso dentro de una celda

1. Seleccionar una celda, fila, columna o rango.
2. De la ficha Inicio ubicar el grupo Alineación y hacer clic en la punta de flecha de la opción **Orientación** .

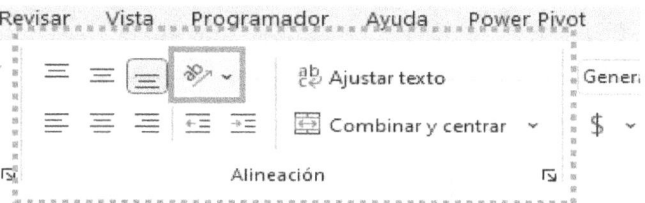

3. De la lista de opciones que se despliega seleccionar **Formato de alineación de celdas**.

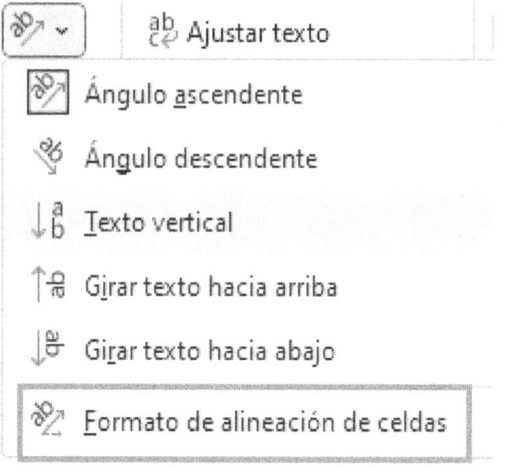

4. En la parte derecha del cuadro de dialogo de **Formato de celdas** en la opción **Orientación**, en el cuadro **Grados**, usar la flecha arriba o abajo para establecer el número exacto de grados al que quiere girar el texto de celda.

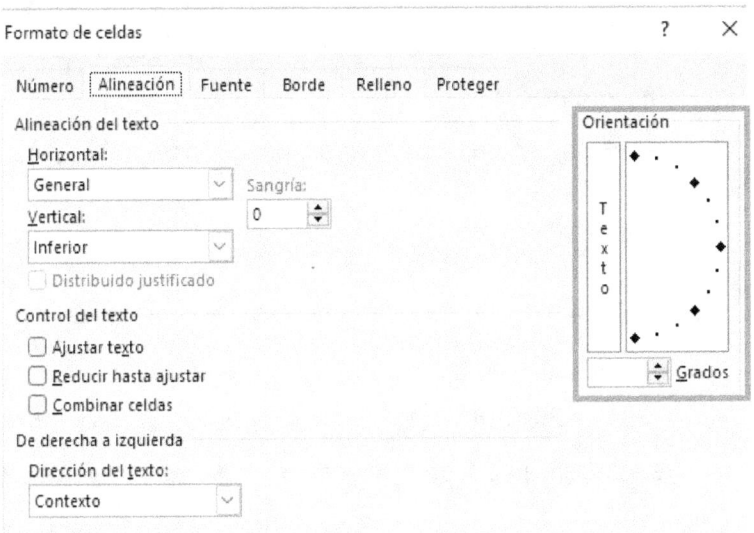

Los números positivos giran el texto hacia arriba. Los números negativos giran el texto hacia abajo.

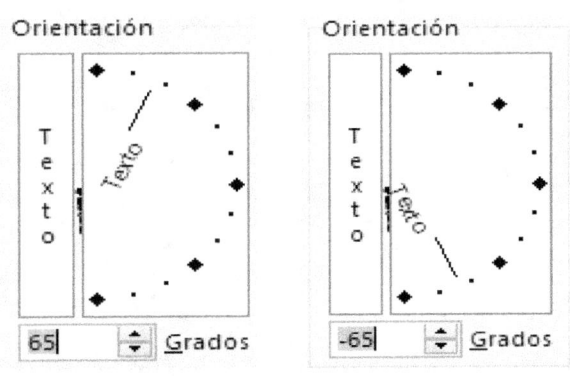

Borrar formato

Si el formato aplicado no parece ser el adecuado, para deshacerlo se siguen los siguientes pasos:

1. Seleccionar el texto o celdas a las cuales se les desea quitar el formato.
2. De la ficha **Inicio** ubicar el grupo **Edición**.

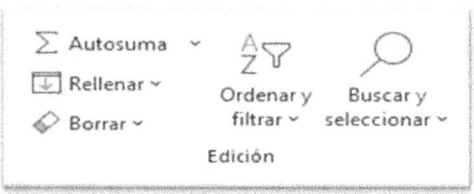

3. Hacer clic en la punta de flecha de la opción **Borrar** para desplegar la lista de opciones.

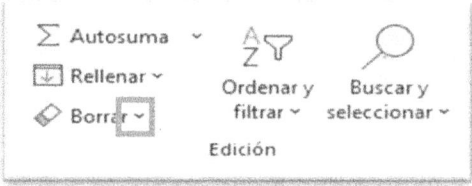

4. De la lista de opciones hacer clic en **Borrar formatos**.

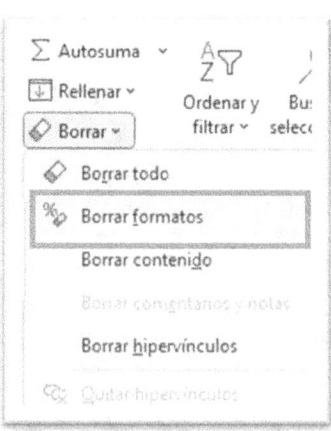

Estilos de formato de celda

Son un conjunto de formatos de los cuales algunos son preestablecidos de Excel y otros han sido creados por los usuarios y han sido guardados con un nombre para ser identificados para ser utilizados en actividades posteriores, los estilos pueden incluir tipo de letra, tamaño, color de fuente, color y tipo de borde o color de relleno entre otros.

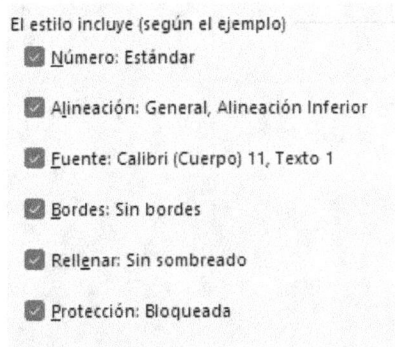

Aplicar estilos de Excel

1. Se seleccionan las celdas.

2. De la ficha **Inicio > grupo Estilos** y se selecciona un estilo.

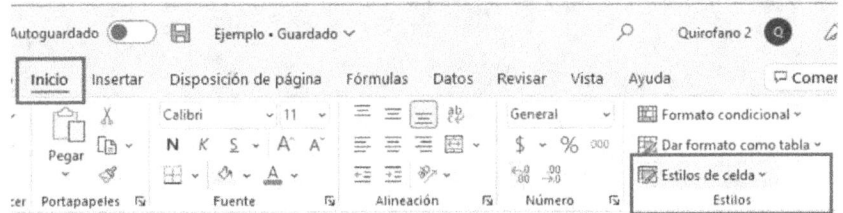

Crear un estilo de celda en Excel

1. Seleccionar las celdas de la hoja de Excel.
2. De la ficha **Inicio** ubicar el grupo **estilos**.

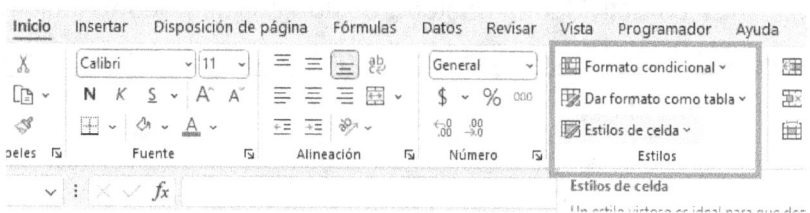

3. Hacer clic en la punta de flecha de **Estilos de celda**.

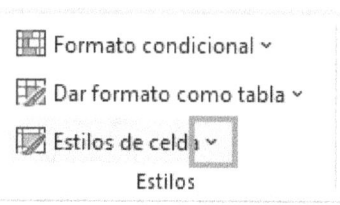

4. De la lista que se despliega seleccionar **Nuevo estilo de celda**.

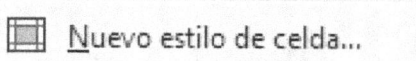

5. Escribir el nombre del estilo y hacer clic en **Formato**.

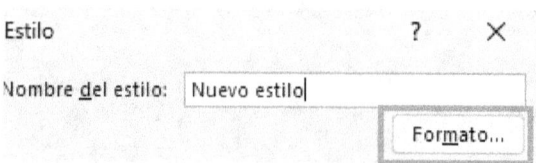

6. Seleccionar y modificar las características requeridas para el nuevo **Estilo**.

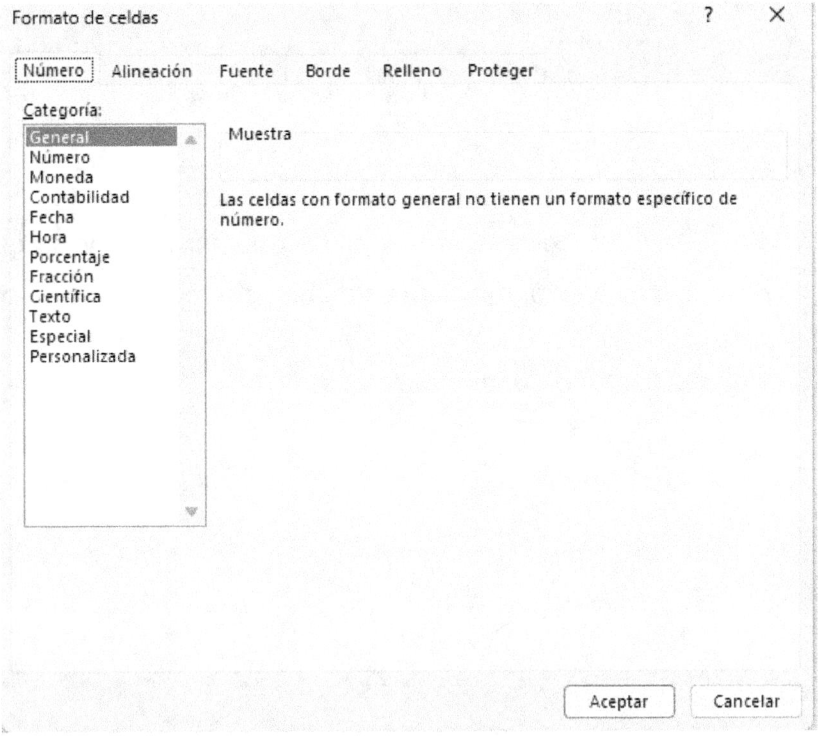

7. Hacer clic en **Aceptar** para guardar los cambios de formato del nuevo estilo.

8. Hacer clic en **Aceptar** para guardar el nuevo estilo.

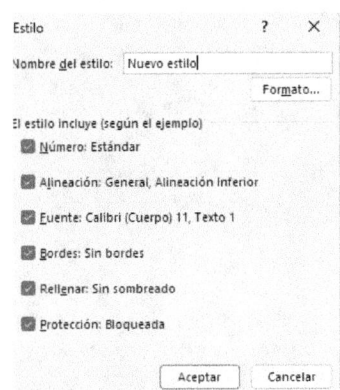

Modificar tamaño de filas y columnas con el mouse

Se puede ajustar de forma manual el ancho de columna o el alto de fila haciendo uso del mouse (para hacerlo, hay que arrastrar los límites de la celda, o cambiar automáticamente el tamaño de columnas y filas para ajustar los datos).

NOTA: Si en una celda aparecen símbolos ### esto indica que la columna es demasiado estrecha para mostrar los datos.

Cambiar el tamaño de las columnas

1. Seleccione una columna o un rango de columnas.
2. Coloque el puntero en el límite entre los encabezados de columna.

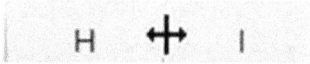

3. Arrastre el límite para cambiar el ancho. Esto cambia el tamaño de todas las columnas seleccionadas al mismo ancho.

Cambiar el tamaño de las filas

1. Seleccionar una fila o un rango de filas.
2. Colocar el puntero en el límite entre los números de fila.

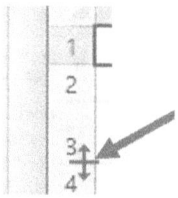

3. Arrastrar para abajo hasta lograr el alto deseado.

Modificar tamaño de filas y columnas con medidas precisas

Si se desea un tamaño exacto ya sea de fila o de columna se siguen los siguientes pasos:

1. Seleccionar la ficha **Inicio** y posteriormente hacer clic en **Formato**.

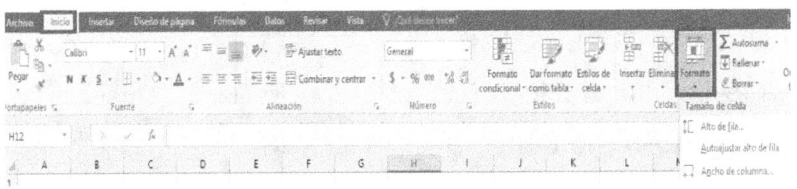

2. Seleccionar Alto de fila... o Ancho de columna... según sea el caso.

3. Agregar la medida exacta que se desea.

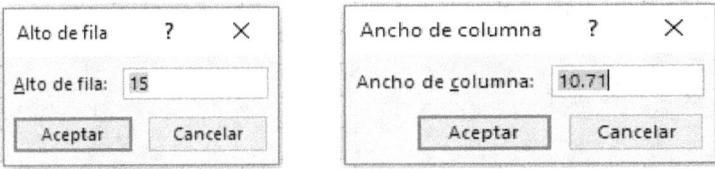

4. Hacer clic en **Aceptar**.

Crear una tabla

Excel permite crear tablas sin restricción alguna en una hoja de cálculo.

Para crear una tabla en Excel de forma fácil y rápida se siguen los pasos que a continuación se describen:

1. Seleccionar la celda o el rango de celdas.
2. De la ficha **Inicio** ubicar el grupo Estilos y seleccionar **Dar formato como tabla**.

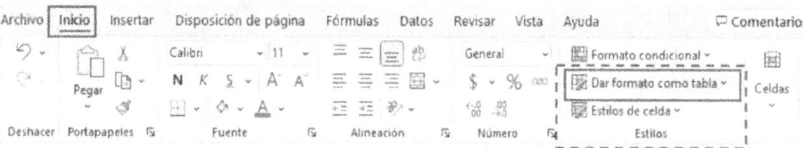

3. Elegir un estilo de tabla.

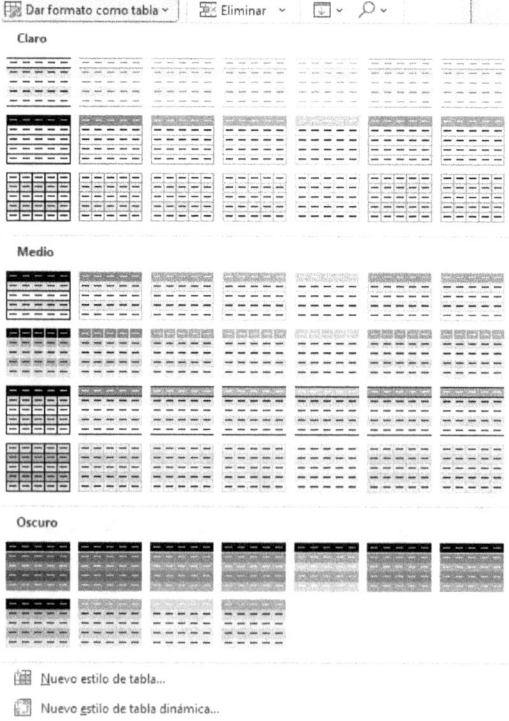

4. En el cuadro de dialogo **Crear tabla**, aparece la opción "La tabla tiene encabezado", al activar esta opción la primera fila del rango será la fila de encabezado y, a continuación, hacer clic en **Aceptar.**

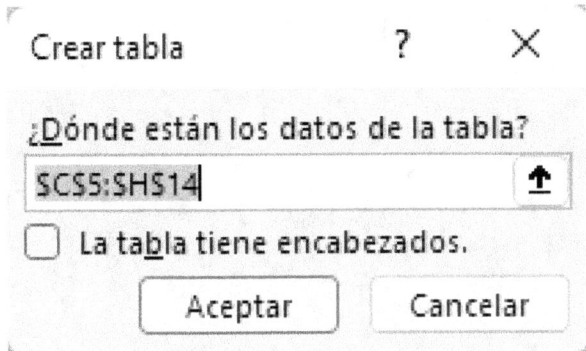

Formato condicional rápido

1. Seleccionar la celda o el rango de celdas a las cuales se desea aplicar el formato.

2. En el grupo Estilo de la pestaña Inicio, hacer clic en la punta de flecha junto a **Formato condicional**

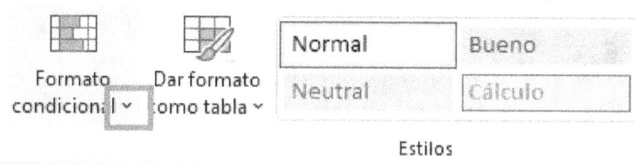

3. De la lista que se despliega hacer clic en **Reglas para resaltar celdas**.

4. Seleccionar la opción que se desee, como **Entre**, **Igual a**, **texto que contiene** o **Una fecha**.

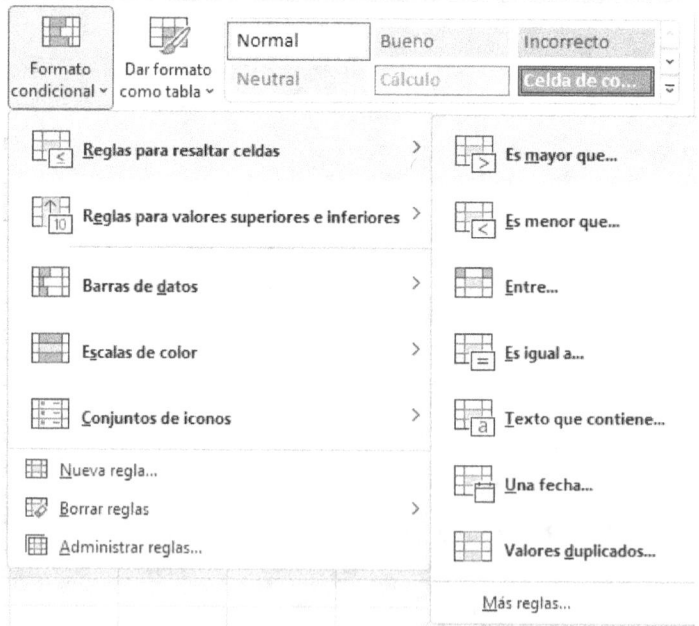

5. Escribir los valores que se desee utilizar y después seleccionar un formato.

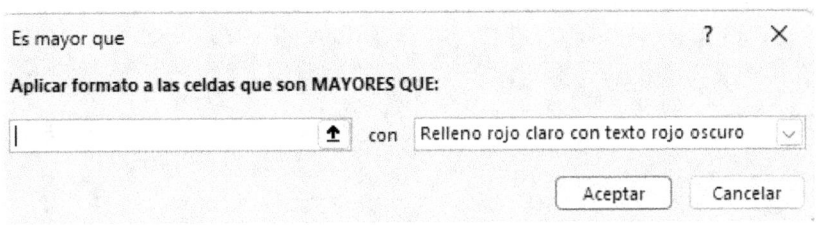

6. Una ves llenados los datos requeridos hacer clic en **Aceptar**.

Formato avanzado

Es un formato personalizado en el cual se consideran ciertas reglas o criterios para que este pueda ser aplicado, este tipo de formato se le denomina formato condicional ya que para que sea visualizado se consideran ciertos criterios que deben cumplir los valores de las celdas.

Formato condicional avanzado

El formato condicional puede ayudar a que algunos datos sean más visibles o para resaltar algunos valores que se encuentren fuera de cierto parámetro y esto se puede hacer de manera automática en el momento que el valor cambie. Para usarlo se crean reglas que determinen el formato de las celdas en función de sus valores, como por ejemplo los datos de temperatura mensual con colores de celda vinculados a valores de celda.

Se puede aplicar formato condicional a un rango de celdas (tanto a una selección como a un rango con nombre), a una tabla de Excel y, en Excel para Windows, incluso a un informe de tabla dinámica.

1. Seleccionar una o más celdas de un rango, tabla o informe de tabla dinámica.

2. En la pestaña **Inicio**, en el grupo **Estilos**, hacer clic en la flecha situada junto a **Formato condicional** y, a continuación, en **Administrar reglas**. Aparecerá el cuadro de diálogo **Administrador de reglas de formato condicionales**.

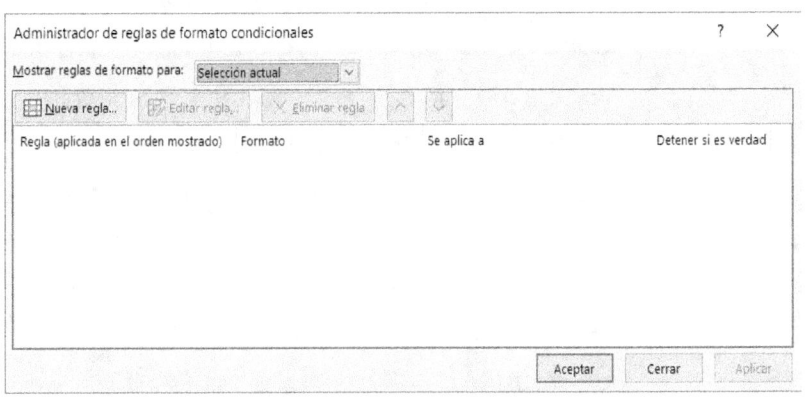

3. Seguir uno de los siguientes procedimientos:

   - Para agregar un formato condicional, hacer clic en **Nueva regla**. Aparecerá el cuadro de diálogo **Nueva regla de formato**.

   - Para agregar un nuevo formato condicional basado en uno existente, se selecciona la regla y a continuación, hacer clic en **Duplicar regla**. La regla duplicada se copiará y aparecerá en el cuadro de diálogo. Seleccionar el duplicado y después, Editar regla. Aparecerá el cuadro de diálogo Editar regla de formato.

   - Para cambiar un formato condicional, hacer lo siguiente:

i. Asegurarse de haber seleccionado la hoja de cálculo, tabla o informe de tabla dinámica correctos en el cuadro de lista **Mostrar reglas de formato para**.

ii. Opcionalmente, se puede cambiar el rango de celdas. Para ello, hacer clic en **Contraer diálogo en el cuadro**, se aplica para ocultar temporalmente el cuadro de diálogo, seleccionar el nuevo rango de celdas de la hoja de cálculo o en las otras hojas de cálculo y luego seleccionar Expandir diálogo.

iii. Seleccionar la regla y después hacer clic en **Editar regla**. Aparecerá el cuadro de diálogo **Editar regla de formato**.

4. En Aplicar regla a, si se desea cambiar el ámbito para los campos del área Valores de un informe de tabla dinámica según el método de:

    - Selección: Hacer clic en **Solo estas celdas**.

    - Campo correspondiente: Hacer clic en **Todas las celdas** de <campo de valor> con los mismos campos.

    - Campo de valor: Hacer clic en Todas las celdas de <campo de valor>.

5. En Seleccionar un tipo de regla, hacer clic en **Aplicar formato únicamente a las celdas que contengan**.

6. En **Editar una descripción de regla**, en el cuadro de lista **Dar formato únicamente a las celdas con**, seguir uno de los procedimientos siguientes:

- Aplicar formato por número, por fecha o por hora: Seleccione Valor de la celda, seleccione un operador de comparación y después escriba un número, una fecha o una hora.

    Por ejemplo, seleccione Entre y a continuación escriba 100 y 200, o bien seleccione Igual a y a continuación escriba1/1/2009.

    También puede escribir una fórmula que devuelva un valor de número, de fecha o de hora.

    i. Si escribe una fórmula, empiece con un signo igual (=).

    ii. Las fórmulas no válidas hacen que no se aplique ningún formato.

    iii. Se recomienda probar la fórmula para asegurarse de que no devuelve ningún valor de error.

- Aplicar formato por texto: Seleccionar Texto específico, elegir un operador de comparación y, a continuación, escribir texto.

Por ejemplo, seleccionar **Contiene** y después escribir **Plata** o seleccionar **Que empieza por** y después escribir **Tri**.

Se incluyen comillas en la cadena de búsqueda y puede usar caracteres comodines. La longitud máxima de una cadena es de 255 caracteres.

También se puede escribir una fórmula que devuelva texto.

    i. Si se escribe una fórmula, iniciar con un signo igual (=).

    ii. Las fórmulas no válidas hacen que no se aplique ningún formato.

    iii. Se recomienda probar la fórmula para asegurarse de que no devuelve ningún valor de error.

- Aplicar formato por fecha: Seleccionar **Fechas** y a continuación, una comparación de fechas.

  Por ejemplo, seleccionar Ayer o Semana siguiente.

- Aplicar formato a celdas con espacios en blanco o sin espacios en blanco: Seleccionar **Celdas en blanco** o **Sin espacios en blanco**.

  Un valor en blanco es una celda que no contiene datos y es diferente de una celda que contiene uno o más espacios (los espacios se consideran texto).

  Aplicar formato a celdas con valores de error o sin error: Seleccione **Errores** o **Sin errores**.

  Los valores erróneos son: #####, #¡VALOR!, #¡DIV/0!, #¿NOMBRE?, #N/A, #¡REF!, #¡NUM!, y #¡NULL!

7. Para especificar un formato, hacer clic en Formato. Aparecerá el cuadro de diálogo **Formato de celdas**.

8. Seleccionar el número, la fuente, el borde o el formato de relleno que se desea aplicar cuando el valor de la celda cumpla con la condición y después hacer clic en **Aceptar**.

   Se puede elegir más de un formato. Los formatos que seleccione aparecerán en el cuadro **Vista previa**.

Formulas en Excel

Una fórmula es una expresión que se utiliza para realizar cálculos o procesamiento de valores, obteniendo como resultado un nuevo valor que será asignado a la celda en la cual se introduce dicha fórmula. Existen fórmulas numéricas y formulas dinámicas; las primeras solo están formadas con números y signos aritméticos y no se involucran otras celdas; las fórmulas dinámicas están formadas por símbolos aritméticos y el nombre de otras celdas. Todas las fórmulas inician con el signo igual (=), seguida de un dato numérico o de una celda según sea el caso, posteriormente se asigna el signo aritmético deseado y después otro valor numérico o celda según sea el caso.

Crear una fórmula que haga referencia a valores de otras celdas

1. Hacer clic en la celda donde se desea insertar la formula.
2. Escribir el signo igual =.

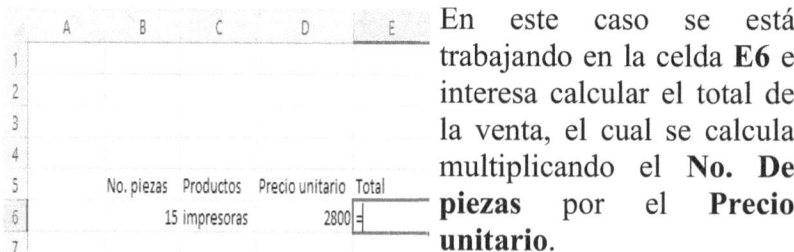

En este caso se está trabajando en la celda **E6** e interesa calcular el total de la venta, el cual se calcula multiplicando el **No. De piezas** por el **Precio unitario**.

Nota: Las fórmulas de Excel siempre comienzan con el signo igual.

3. Seleccionar una celda o escribir el nombre de la celda de la formula.

	No. piezas	Productos	Precio unitario	Total
5				
6	15	impresoras	2800	=B6
7				

4. Escribir un operador (+, -, *, /...). Por ejemplo, " * " para multiplicar.

	No. piezas	Productos	Precio unitario	Total
5				
6	15	impresoras	2800	=B6*
7				

5. Seleccionar la celda siguiente o escribir el nombre de la misma.

	No. piezas	Productos	Precio unitario	Total
5				
6	15	impresoras	2800	=B6*D6
7				

6. Si es el último argumento de la formula Oprimir la tecla **Enter**. El resultado del cálculo se mostrará en la celda que contenga la fórmula.

   Nota. Ya existe el libro exclusivo para formulas" Formulas en Excel f(x)" desde básicas a avanzadas

Funciones en Excel

Escribir una función

1. Seleccionar la celda en la cual se desea inserta la función.
2. Escribir un signo igual = y luego escribir el nombre de la función.

    Por ejemplo, =SUMA

3. Insertar un paréntesis de apertura: "(".
4. Seleccionar el rango de celdas.

	Ene.	Feb.	Mar.	Abr.	May.	Jun.	Total
Ventas	100	200	250	150	300	500	=SUMA(B2:G2

5. Después de seleccionar el rango, insertar un paréntesis de cierre: ")".
6. Presionar la tecla **Enter** para obtener el resultado.

Funciones básicas

SUMA: esta es una de las funciones más utilizadas de Excel y consiste en generar automáticamente el resultado de la suma de los valores que se encuentran en las celdas seleccionadas. La fórmula debe escribirse entre paréntesis y se utilizan separadores tales como dos puntos, punto y coma o la coma para separar los argumentos. Por ejemplo, si queremos sumar una serie de números que están en diferentes celdas (A1, A2, A3, A4) podemos aplicar la función suma mediante la siguiente fórmula =SUMA (A1:A4).

CONTAR: cuenta el número de celdas en un conjunto que comprende diferentes valores. Por otra parte, PROMEDIO te muestra el promedio de los números en un determinado número de celdas. Si bien, estas son bastante básicas, son tres de las **principales funciones de Excel**.

PRODUCTO: mediante esta función se pueden multiplicar todos los números y obtener el producto en una celda específica. La forma en que se aplica en estos casos es por ejemplo =PRODUCTO (A1:A2). En este caso se obtiene el producto del número de la celda A1 y el número de la celda A2.

MAX y MIN: estas son funciones estadísticas bastante simples que ofrecen los valores máximos y mínimos. Solo se debe ingresar en la columna o fila con números que se quieren buscar y dará como resultado el MAX o MIN dependiendo de la que se utilice. Por ejemplo, =MAX (A1:A10) mostrará el máximo valor numérico en aquellas celdas.

PROMEDIO: es una función muy utilizada en Excel, permite obtener el promedio o media aritmética de dos o más datos numéricos. Es una formula preestablecida lo que hace es sumar todos los datos y después los divide entre el número de ellos. Por ejemplo: =Promedio(8,9,7,6,8,9) o =Promedio(C5:F10).

Crear gráficos en Excel

Un gráfico en Excel es una representación de valores numéricos por medio de una imagen que mejora la comprensión de los datos que se encuentran en la hoja de cálculo.

Los gráficos son una excelente herramienta para resumir la información y facilitar el análisis y comparaciones estadísticas.

Una de las herramientas más potentes y útiles de Excel son los gráficos. Estos no son más que una forma gráfica de representar los datos de una hoja. Los gráficos se vinculan a los datos a partir de los que se crean y se actualizan cuando se cambian éstos.

Pasos para crear un gráfico en Excel

1. Seleccionar el rango de celdas con valores numéricos que pertenezca a los datos que se desean graficar.

REGISTRO DE RETARDOS					
	JUNIO				TOTAL
	SEMANA 1	SEMANA 2	SEMANA 3	SEMANA 4	
LUNES	10	28	46	33	117
MARTES	12	16	20	24	72
MIÉRCOLES	18	17	16	15	66
JUEVES	5	10	15	20	50
VIERNES	29	20	11	2	62
SÁBADO	22	26	30	34	112
DOMINGO	16	12	8	4	40
TOTAL	112	129	146	132	

Nota. Puede ser suficiente hacer clic sobre una sola celda y no es necesario seleccionar todo el rango porque Excel incluirá automáticamente los datos de las celdas adyacentes.

2. Una vez hecha la selección, en la ficha **Insertar** ubicar el grupo **Gráficos** y hacer clic sobre el botón del tipo de gráfico que desea inserta.

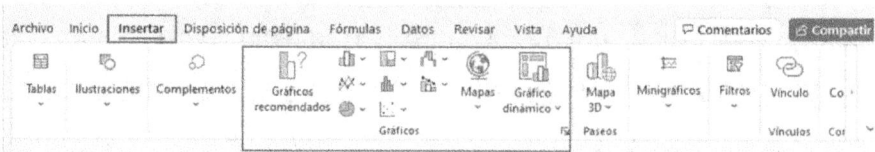

Tipos de gráficos

Existen varios tipos de gráficos, a continuación, se resumen los principales:

Gráficos en columnas.

Se utilizan para mostrar los cambios que han sufrido los datos en el transcurso de determinado período de tiempo. Con el objeto de resaltar la variación que se ha producido en el transcurso de un tiempo, las categorías se organizan horizontalmente y los valores verticalmente.

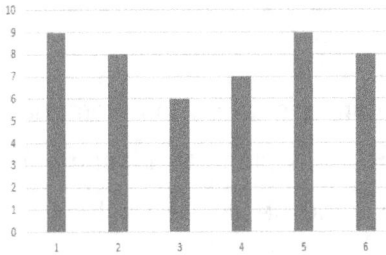

Gráficos de barra.

Se utilizan para comparar varios elementos individuales. En este caso las categorías se organizan verticalmente y los valores horizontalmente.

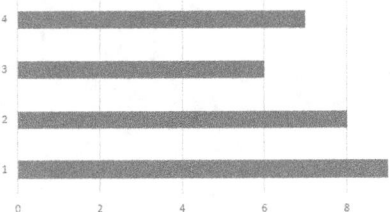

Gráficos de línea.

Estos gráficos muestran las tendencias en los datos a intervalos idénticos. Son ideales para mostrar y comparar evoluciones.

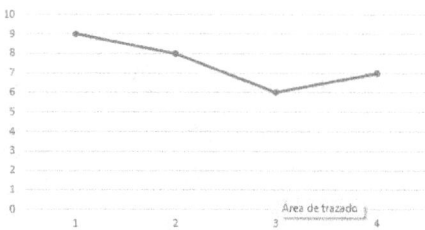

Gráficos circulares.

Se utilizan para mostrar el tamaño proporcional de los elementos que conforman una serie de datos en función de la suma de elementos. Son de mucha utilidad cuando se desea destacar un elemento significativo.

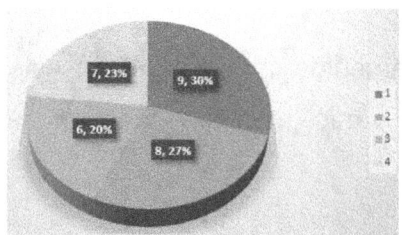

Gráficos de área.

Estos gráficos se usan para destacar la magnitud de los cambios en el transcurso del tiempo. Al presentar la suma de los valores trazados, un gráfico de área también muestra la relación de las partes con un todo.

Gráficos de cono, cilindro y pirámide.

Los gráficos de datos en forma de cono, cilindro y pirámide son ideales para realzar y mejorar la presentación de gráficos de columnas y barras 3D.

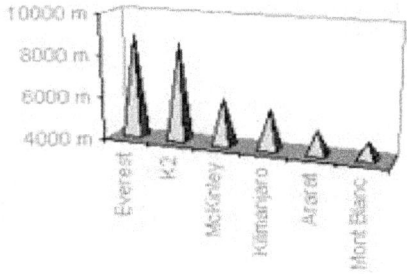

Configurar página en Excel.

1. Ubicar la ficha **Disposición de página**. Hacer clic en el **cuadro de diálogo pequeño Selector** en la parte inferior derecha del grupo **Configurar página**. Se abrirá el cuadro de diálogo **Configurar página**.

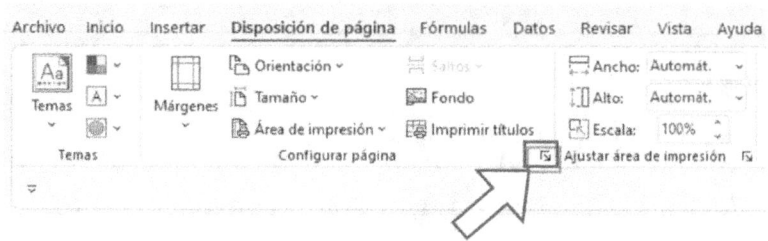

2. Seleccionar la pestaña **Página** en el cuadro de diálogo **Configurar página**.

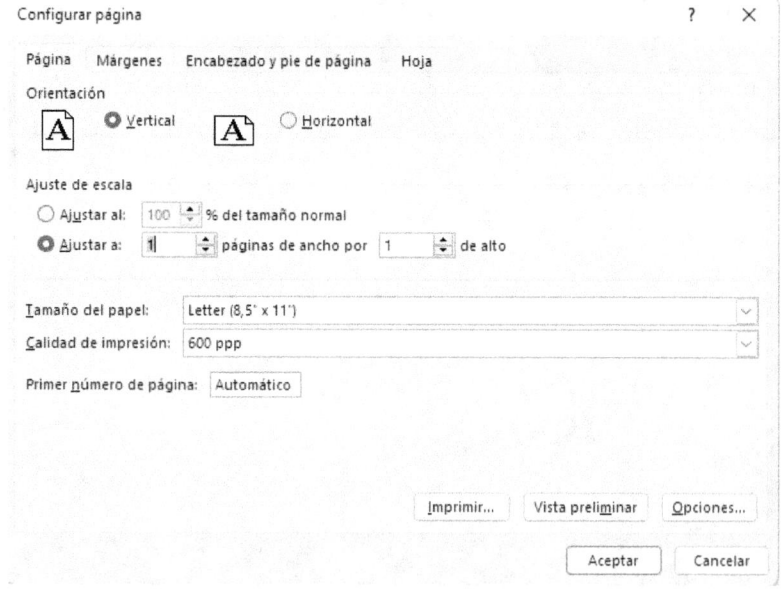

3. Realizar los cambios requeridos como la orientación de la hoja, tamaño de papel, calidad de impresión o ajuste de escala.

   Nota. Si se desea imprimir el documento en una página, elegir 1 página de ancho por 1 de alto en los cuadros **Ajustar a.**

4. Una vez realizados los cambios requeridos hacer clic en **Aceptar.**

Configurar márgenes personalizados de una hoja de Excel

Es importante considerar la configuración de márgenes de una hoja de cálculo y más cuando se requiera imprimir su contenido, para ello a continuación se describe paso a paso el proceso:

1. Ubicar la ficha **Disposición de página**. Hacer clic en el **cuadro de diálogo pequeño Selector** en la parte inferior derecha del grupo **Configurar página**. Se abrirá el cuadro de diálogo **Configurar página**.

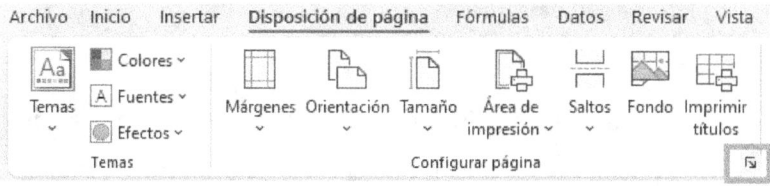

2. Seleccionar la pestaña **Márgenes** en el cuadro de diálogo **Configurar página**.

3. Después de modificar cada uno de los de los márgenes en la parte inferior hay una segunda parte que es **Centrar en página** en la cual aparecen dos opciones para seleccionar.

4. Estas dos opciones se refieren a como se quiere que aparezca la información con respecto a la hoja y sus márgenes, es decir si se quiere que aparezca centrada de forma vertical o de forma horizontal o ambas.

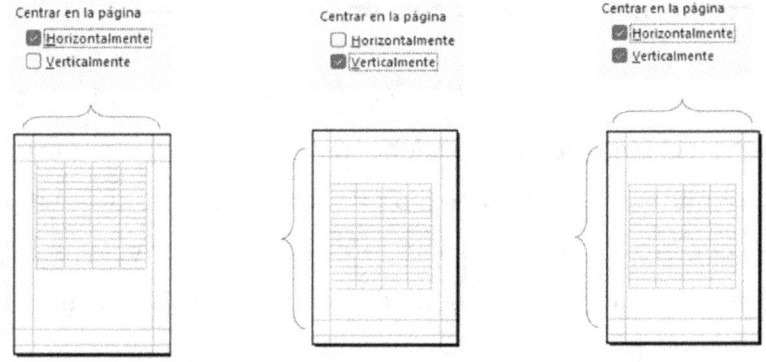

5. Después de elegir la opción u opciones deseadas hacer clic en **Aceptar**.

Encabezado y pie de página en Excel

Con frecuencia se requiere agregar algunos datos importantes ya sea en la parte superior o inferior de la hoja impresa como puede ser el nombre de una empresa, de un departamento, la fecha o incluso el número de página, para ello es utilizado este apartado y a continuación se describen los pasos para hacer uso de esta herramienta.

Pasoso para crear un encabezado:

1. Ubicar la ficha **Disposición de página**. Hacer clic en el **cuadro de diálogo pequeño Selector** en la parte inferior derecha del grupo **Configurar página**. Se abrirá el cuadro de diálogo **Configurar página**.

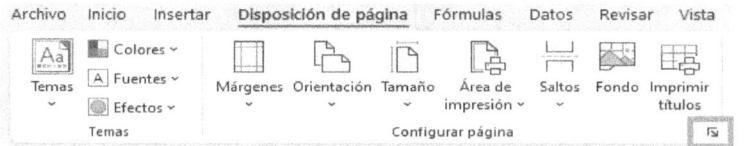

Seleccionar la pestaña **Encabezado y pie de página** en el cuadro de diálogo **Configurar página**.

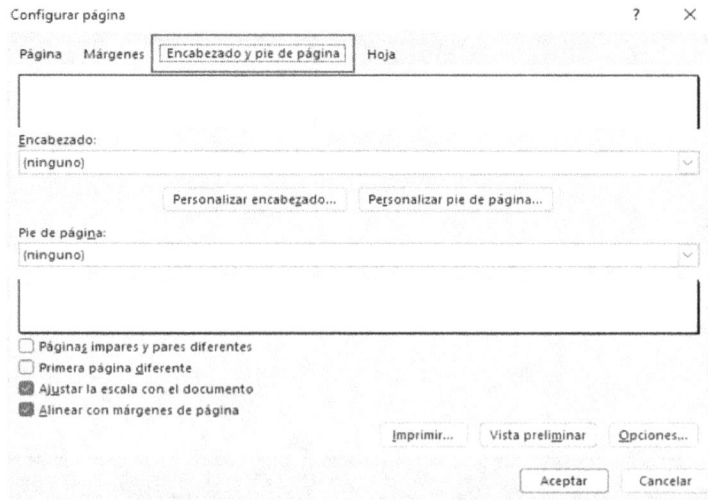

2. Para agregar el encabezado hacer clic en la opción **Personalizar encabezado**.

3. En cuadro de dialogo Encabezado posicionar el cursor en alguno de los tres espacios dependiendo la ubicación del dato que se desea agregar ya sea a la izquierda, derecha o centrado.

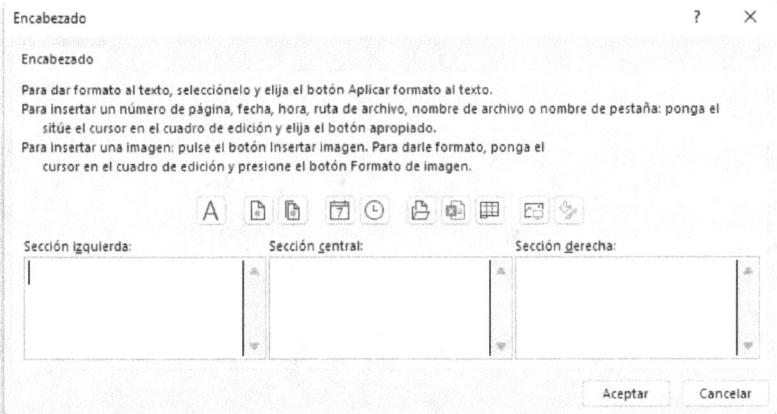

4. Una vez posicionado el cursor en la posición deseada hacer clic en alguno de los botones dependiendo de lo que se quiera agregar:

Icono	Descripción
A	Permite aplicar formato al texto agregado
	Inserta el número de página
	Inserta el número total de páginas
	Insertar la fecha actual
	Insertar la hora actual
	Permite insertar la ruta del archivo
	Insertar el nombre del archivo
	Insertar el nombre de la hoja de calculo
	Insertar una imagen
	Dar formato a la imagen insertada

5. Una vez insertados los datos deseados hacer clic en **aceptar**.

Pasos para crear un pie de página:

1. Ubicar la ficha **Disposición de página**. Hacer clic en el **cuadro de diálogo pequeño Selector** en la parte inferior derecha del grupo **Configurar página**.

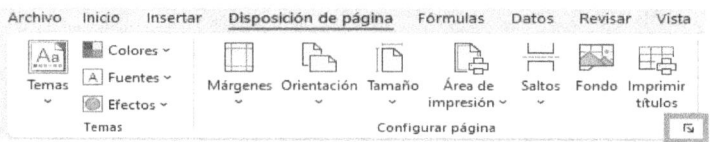

2. Se abrirá el cuadro de diálogo **Configurar página**.
3. Seleccionar la pestaña **Encabezado y pie de página** en el cuadro de diálogo **Configurar página**.

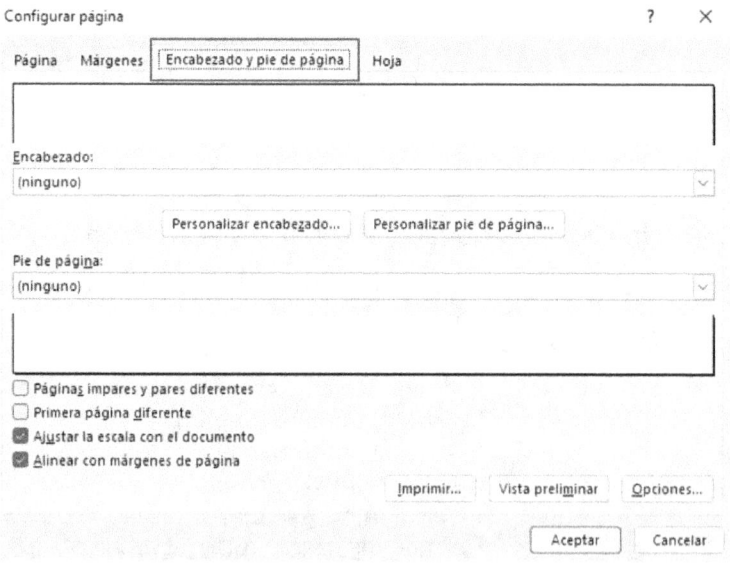

4. Para agregar el encabezado hacer clic en la opción **Personalizar pie de página**.

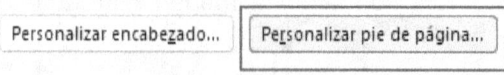

5. En cuadro de dialogo Encabezado posicionar el cursor en alguno de los tres espacios dependiendo la ubicación del dato que se desea agregar ya sea a la izquierda, derecha o centrado.

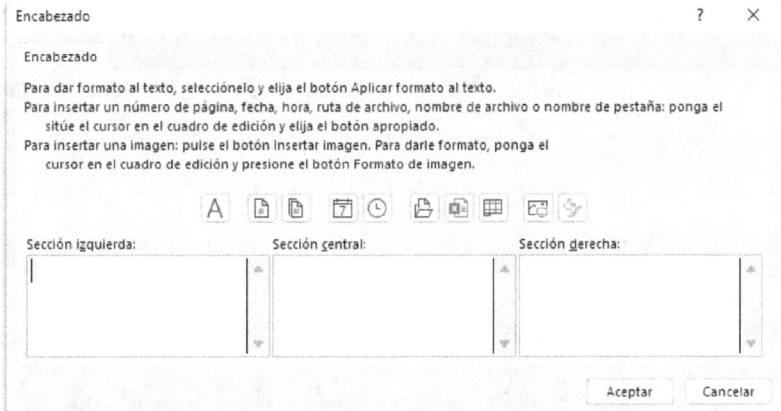

6. Una vez posicionado el cursor en la posición deseada hacer clic en alguno de los botones dependiendo de lo que se quiera agregar:

Icono	Descripción
A	Permite aplicar formato al texto agregado
	Inserta el número de página
	Inserta el número total de páginas
	Insertar la fecha actual
	Insertar la hora actual
	Permite insertar la ruta del archivo
	Insertar el nombre del archivo
	Insertar el nombre de la hoja de calculo
	Insertar una imagen
	Dar formato a la imagen insertada

7. Una vez insertados los datos deseados hacer clic en **Aceptar**.

Configuración avanzada para imprimir

Antes de imprimir un documento es importante considerar algunas características que se pueden o no visualizar en el documento impreso aparte de los encabezados y pies de página que se mencionan en los apartados anteriores. Se puede indicar que se visualicen en todas las hojas el nombre de los campos de la tabla o bien los datos de una o más columnas, así como también se puede indicar que se impriman las líneas de división de las celdas de la hoja de Excel tal y como se visualiza en el área de trabajo.

Pasos para configurar una hoja de impresión:

1. Ubicar la ficha **Disposición de página**. Hacer clic en el **cuadro de diálogo pequeño Selector** en la parte inferior derecha del grupo **Configurar página**. Se abrirá el cuadro de diálogo **Configurar página**.

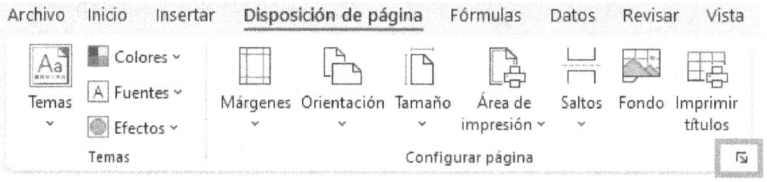

2. Seleccionar la pestaña **Hoja** en el cuadro de diálogo **Configurar página**.

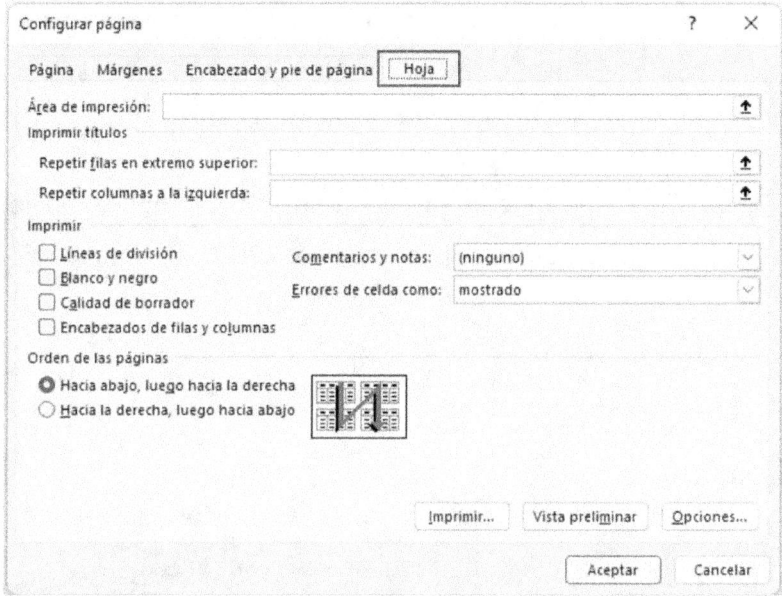

3. En el **Área de impresión** se selecciona la hoja que se desea imprimir, por lo regular aparece de forma automática la hoja en la que se está trabajando.

4. En el apartado **Imprimir títulos** se seleccionan la fila o las columnas que se desea repetir en todas las hojas impresas, para ello se siguen los siguientes pasos:

   a. Hacer clic en la punta de flecha que está en la parte derecha del recuadro.

   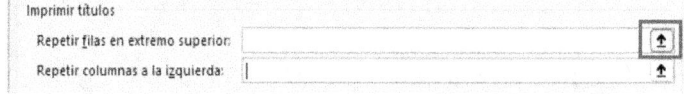

   b. Después de dar clic en la punta de flecha se hace clic en la fila de la hoja que contenga los datos que se desea repetir en las hojas impresas que por lo regular son los títulos de los campos.

c. Una vez seleccionada la fila automáticamente aparece el cuadro de dialogo de configurar página para continuar con las siguientes opciones.

Nota. El inciso a y b se repiten para seleccionar la columna o columnas a repetir.

5. En el apartado de **Imprimir** se activa la opción haciendo clic en el recuadro de la opción deseada.

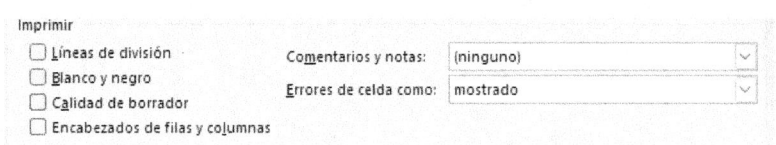

   a. Las líneas de división se refieren a la cuadricula de la hoja de Excel.

   b. Blanco y negro al color de la impresión.

   c. Calidad de borrador al activar esta opción se imprimirá con poca intensidad de color, es como para ahorrar tinta.

   d. Encabezados de filas y columnas esta opción permite imprimir los títulos de las columnas (a, b, c, ...) y los números de filas (1, 2, 3, 4, ...).

6. Después de seleccionar las opciones deseadas hacer clic en **Aceptar**.

Imprimir todo o parte de una hoja de cálculo

1. Seleccionar la hoja o parte de la hoja que se desea imprimir.

2. Hacer clic en el menú **Archivo** y posteriormente seleccionar la opción **Imprimir**.

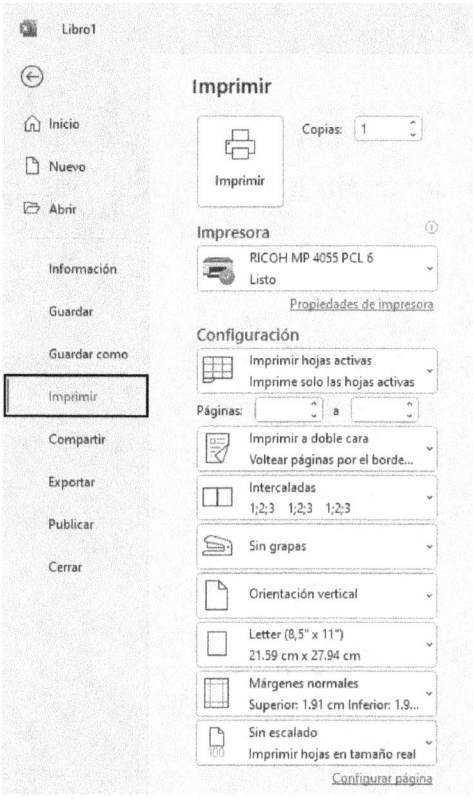

3. Indicar el número de copias a imprimir

4. Si se desea imprimir solo unas páginas en específico, indicar las páginas que se van a imprimir, de lo contrario pasar al siguiente paso

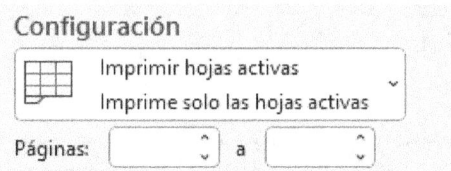

5. En la parte de **Configuración**, hacer clic en la punta de flecha junto a **Imprimir hojas activas** y seleccione la opción deseada.

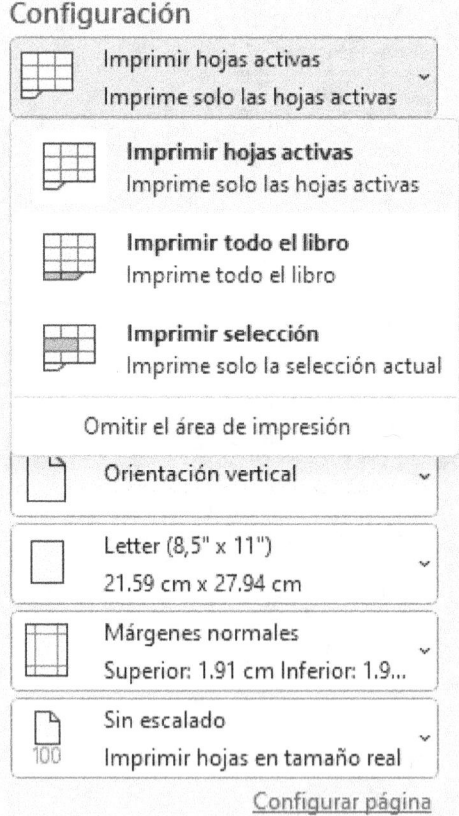

www.ingramcontent.com/pod-product-compliance
Lightning Source LLC
Chambersburg PA
CBHW071520220526
45472CB00003B/1097